도파민 밸런스

지은이 **안철우**

연세대학교 의과대학을 졸업하고 동 대학원에서 석사, 박사 학위를 받았다. 연세대 의과대학 교수를 거쳐 2007년부터 2년간 미국 시카고의 노스웨스턴대학교 의과대학에서 객원 교수로 재직했다. 2012년 연세대 의과대학 교육 분야 우수 업적 교수상, 같은 해 문화체육관광부 장관 표창 등을 받았다.

전 내분비당뇨병센터 소장, 연세대 의과대학 혈관대사연구소 소장으로도 활동하였고 현재 강남세브란스병원 내분비내과 교수로 국내 당뇨병 호르몬 분야 최고 권위자로 인정받고 있다.

EBS〈명의〉, KBS1〈생로병사의 비밀〉, 유튜브〈세상을 바꾸는 시간〉 등 다양한 채널에 출연해 대중에게 조금 더 쉽고 유용한 호르몬 관련 건강 지식을 소개하는 데 앞장서고 있다. 갈수록 도파민 불균형 탓에 여러 질병을 호소하며 병원에 내원하는 환자들이 급증하는 것을 보고, 자극 과잉 시대에 도파민 균형 회복을 돕고, 나아가 많은 사람이 균형 잡힌 호르몬이 가져다주는 삶의 평온을 얻길 바라는 마음으로 이 책을 썼다.

다른 저서로는《뭉크 씨, 도파민 과잉입니다》《젊음은 나이가 아니라 호르몬이 만든다》 등이 있다.

도파민 밸런스

초판 1쇄 발행 2024년 12월 23일

지은이 안철우 · **발행인** 박윤우 · **편집** 김송은, 김유진, 박영서, 성한경, 장미숙 · **마케팅** 박서연, 정미진, 정시원 · **디자인** 박아형, 이세연 · **저작권** 백은영 · **경영지원** 이지영, 주진호
발행처 부키(주) · **출판신고** 2012년 9월 27일 · **주소** 서울시 마포구 양화로 125 경남관광빌딩 7층 · **전화** 02-325-0846 · **팩스** 02-325-0841 · **이메일** webmaster@bookie.co.kr

ISBN 979-11-93528-41-9 03190

만든 사람들
편집 김송은 · 디자인 박아형

잘못된 책은 구입하신 서점에서 바꿔 드립니다.

도파민 밸런스

자극에 중독된 삶을 재설정하는 도파민 균형 회복 가이드

·

안철우 지음

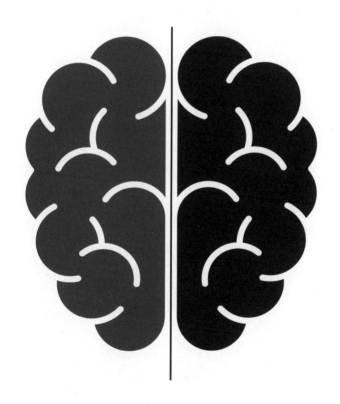

DOPAMINE · BALANCE

부·키

추천의 말

저자를 통해 비로소 내가 '도파민 중독'임을 알게 되었다. 주변을 보니 도파민 중독과 디톡스 방법에 대해 아는 사람은 많지 않은 것 같다. 호르몬 명의 안철우 교수는 도파민이 무엇이고, 우리 몸에서 어떤 역할을 하는지, 그리고 어떻게 중독에 빠지는지 그 메커니즘을 독자 스스로 이해하기 쉽게 알려 준다.

중독의 악순환을 끊고 도파민의 긍정적인 기능을 끌어낼 수는 없을까? 그런 점에서 이 책은 나에게 삶의 방향키를 바로잡게 해 주는 복음이다.

◆ 강신장 | 모네상스 대표

안정과 성장은 균형에서 비롯된다. 좋은 것을 더하고, 나쁜 것을 빼는 이유는 균형을 얻기 위함이다. 이 책의 제목이 눈길을 끄는 이유다. 내용을 읽어 보니 더 그렇다. 저자는 일상 속 중독이 우리 삶의 균형을 어떻게 무너뜨리는지 의학적 통찰과 따뜻한 공감으로 풀어낸다.

도파민 디톡스라는 새로운 여정을 통해, 단순히 중독에서 벗어나는 법이 아니라 자기 삶의 리듬을 되찾는 방법을 이야기한다. 이 책은 균형 잡힌 삶을 꿈꾸는 모든 이에게 꼭 필요한 나침반이다.

◆ **구범준** | 유튜브 〈세상을 바꾸는 시간〉 PD

새벽까지 유튜브 숏폼을 보느라 잠들지 못해서 업무에 지장이 생기거나, 시도 때도 없이 울리는 애플리케이션 알림 때문에 집중력을 뺏기는 일상이 다반사다. 개개인의 이런 생활 습관이 모이면 전체 조직원들의 생산적인 사고와 창의적인 결정에까지 영향을 미친다.

《도파민 밸런스》는 이 문제를 해결하기 위한 중요한 통찰을 제공한다. 삶을 갉아 먹는 요인을 통제하기 위해서라도 우리는 도파민을 적절히 조절해야 한다.

저자가 제시하는 도파민 디톡스 3단계는 다시 말해 도파민의 균형을 찾는 과정이다. 각 단계를 하나하나 밟고 올라가면 일상 업무를 좀 더 효율적으로 처리하며 더 나은 성과를 올리고 있는 자신을 발견할 것이다.

◆ **김기문** | 중소기업중앙회 회장

행동 중독으로 고민하는 사람들에게 이 책은 가히 명약이라 할 수 있다. 중독이라고 하면 흔히 마약과 같은 극단적인 중독을 떠올린다. 하지만 커피, 운동, 끊임없이 이메일 확인하는 습관 등 우리 일상에서 찾을 수 있는 중독의 대상은 무궁무진하다.

호르몬 명의 안철우 교수는 《도파민 밸런스》에서 도파민의 본질을 이해하고, 균형을 찾아 우리 삶을 주도적으로 설계할 수 있는 실질적인 방법들을 제시한다. 이 책을 읽고 나면, 삶의 무기가 되는 도파민 사용법을 익힐 수 있을 것이다.

◆ 김성주 | MCM, 성주그룹 회장

일에 집중하기 위해 끊임없이 커피를 마시는 것도, 스트레스받을 때마다 달콤한 디저트를 먹는 것도 중독이고, 여기에는 도파민이 주요하게 작용한다는 것을 《도파민 밸런스》를 통해 깨달았다.

이렇게 들으면 도파민이 나쁜 것 같지만, 사실 동기 부여와 성취감에 영향을 주는 도파민은 없어서는 안 될 호르몬이다. 안철우 교수는 무조건적인 도파민 디톡스보다는 도파민의 균형이 중요하다는 것을 강조하고 그 방법을 세심히 알려 준다. 무너진 삶의 균형을 되찾고 싶은 사람들에게 이 책을 꼭 추천하고 싶다.

◆ 장혜원 | 한국여성벤처협회 수석부회장

도파민에 대해 딱 한 권만 읽어야 한다면, 나는 주저 없이 이 책을 읽으라고 말할 것이다. 평소 생활 습관이 어떻게 중독을 야기하고 삶을 무너뜨리는지 도파민이라는 호르몬을 통해 낱낱이 보여 준다.

이 책은 단순한 도파민 디톡스 이야기가 아니다. 도파민이 균형을 찾고, 나아가 몸속 호르몬들이 조화를 이루는 것. 결국 정신과 몸을 건강하게 가다듬는 이야기다.

◆ **전홍렬 | KBS1 〈생로병사의 비밀〉 PD**

많은 사람이 흔히 도파민을 디톡스해야 할 독소라고 믿는다. 짜릿한 쾌감을 더 원하여 중독에 빠지게 하는 뇌의 보상 시스템하고만 연관지어 생각하기 때문이다.

실은 도파민은 죄가 없다. 동기 부여, 기억력, 판단과 습관의 형성뿐 아니라 소화기, 간이나 췌장, 심장과 같은 신체의 기능과도 밀접한 연관이 있는 중요한 신경전달물질이자 호르몬이다. 무조건 디톡스가 아니라 좋은 밸런스를 유지하는 게 필요하다.

내분비 내과 의사인 저자는 여기에서 더 나아가 과도한 도파민 자극에 대한 의존으로 인해 생기는 스마트폰 의존, 야식, 과한 쇼핑과 같은 좋지 않은 습관이 당뇨, 갑상샘, 고지혈증, 비만과 같은 내분비, 대사 장애에도 부정적 영향을 미친다고 지적한다. 저자는 자신이 치료에 성공한 대표적 사례를 바탕으로 목표를 설정하고, 변화의 우선순위를 선정하고, 그 과정을 상세하게 기록하는 방법을 보여 준다. 이 과정을 통해 중독적 습관에서 벗어나는 것은 물론, 고질적이던 혈당, 콜레스

테롤, 체중 수치가 변화하면서 증상 호전으로 이어지는 것이 인상적이다. 그리고 그 변화를 유지하기 위해서 일상에서 쉽게 실천할 만한 좋은 습관들을 여럿 제시해 준다. 무척 친절한 가이드북이다.

산 정상이 높아만 보여서 초입에서 포기해 버리던 사람도 능숙한 가이드와 함께하면 어렵지 않게 오를 수 있듯이 평소 자신의 의지박약을 탓하던 사람이라면 이 책에서 제시하는 방법을 그대로 따라 해 보기를 바란다. 당장은 아니지만 '마침내'라는 마음과 함께라면 한결 가볍고 건강해진 나와 만날 수 있을 것이다.

◆ 하지현 | 정신건강의학과 전문의

군인들에게는 높은 집중력과 절제력, 건강한 신체와 강인한 정신력이 요구된다. 하지만 사회에서부터 익숙한 스마트폰과 같은 기기의 과도한 사용이나 숏폼, 게임 등 즉각적인 즐거움을 추구하는 행동들이 군 생활까지 영향을 끼쳐 여러 문제점을 일으키고 있다.

호르몬 명의로 알려진 안철우 교수가 쓴 《도파민 밸런스》는 지나친 도파민이 초래하는 결과들을 보여 주며, 중독 행위에서 벗어날 수 있는 구체적인 방법들을 알려 준다.

군인으로서의 자질 함양은 물론, 청춘의 한 페이지를 국가를 위해 헌신하는 군인들이 군 생활을 좀 더 가치 있게 보내기 위해서라도 꼭 필요한 책이라고 생각한다. 그뿐만 아니라, 군을 이끄는 리더들에게도 필수 도서로 권하고 싶다.

◆ 한민구 | 한국국가전략연구원장, 전 국방부 장관

프롤로그

✕

삶의 균형을 찾는 여정

"퇴근하면 아무것도 하기 싫고 정말 만사가 귀찮아요. 그냥 누워서 몇 시간씩 스마트 폰을 보다가 잠드는 게 제일 큰 낙이에요. 저도 제가 한심해요."

"살 빼고 싶죠. 당뇨 합병증이 무섭잖아요. 폭식하면 안 된다는 걸 머리로는 아는데……. 이게 제 맘처럼 제어가 잘 안 돼요."

고지혈증, 당뇨병, 비만과 같은 여러 대사증후군으로 내원하는 환자들이 치료 과정에서 약속한 식사나 운동 등을 제대로 지키지 못했을 때 주로 이런 말을 한다.

나는 내분비내과 의사로서 환자들의 다양한 증상을 진

단하고 치료하는 과정에서 반드시 그들의 생활 습관을 자세히 듣는다. 실제로 우리의 잘못된 생활 습관이 호르몬의 교란을 초래하고, 장기적으로는 여러 대사증후군으로 이어지는 경우가 많다.

누군가는 이러한 환자들에게 "게으르다"거나 "나태하다"며 정신력으로 극복하라고 다그치기도 한다. 평소 그런 말을 자주 들어서인지, 환자들도 공통적으로 자책 어린 말을 많이 한다. 자신의 노력이 부족해서 그렇다고 말이다. 그러나 30여 년 동안 여러 환자를 만나며 깨달은 사실은, 모든 건강 문제는 결코 노력만으로 해결될 수 없다는 것이다.

사람은 태어나서 죽을 때까지 호르몬의 영향을 받는다. 우리 몸속에서는 아주 다양한 호르몬이 분비되며 서로 복잡하게 관여한다. 이 호르몬 간의 조화가 우리의 감정과 행동에 깊은 영향을 끼친다. 즉, 호르몬의 균형이 깨진 상태에서는 단순히 노력만으로 증상을 개선하기가 어렵다는 뜻이다. 특히 호르몬의 문제로 의지를 발휘하기가 더 어려운 경우도 있다. 그래서 나는 동기 부여에 영향을 주는 호르몬, 도파민에 더욱 주목할 수밖에 없었다.

도파민은 우리 뇌의 보상 시스템과 관련된 호르몬으로, 주로 어떤 행위를 통한 즐거움이나 만족감을 느끼게 한다고 알려져 있다. 스마트폰으로 유튜브 영상을 볼 때, 밤에 야식을 먹을 때 우리 뇌는 도파민을 분비하여 단기적인 쾌감을 선사한다.

문제는 이러한 쾌감이 지나치게 반복될 때 장기적으로 호르몬의 불균형을 일으켜 도파민 중독 상태로 이어질 수 있다는 점이다. 이는 의사가 환자의 증상을 개선하고 질병을 치료하는 데 아주 큰 걸림돌이 된다.

다양한 증상으로 내분비내과를 찾은 환자들의 질병을 치료하기 위해서는 적절한 처방과 함께 도파민 중독으로 인한 잘못된 생활 습관을 개선하는 것이 꼭 필요하다. 노력은 당연히 중요하지만, 증상에 가려진 근본적인 문제를 파악하는 것이 먼저다. 그런 다음, 해당 문제 해결에 도움이 되는 구체적인 방법을 찾고, 그 방향으로 노력해야 효과가 있다.

고백하자면, 나도 과거에 중독 문제에 시달린 적이 있다. 당장 쓸모없는 물건임에도 '언젠간 쓰겠지' 하며 일단 물건을 사고, '버리기 아까워서' '추억이 담긴 물건이라서' 등의 이유로 쉽게 버리지 못했다. 그렇게 삶의 발자취가 담긴 물건들이 집과 연구실에 차곡차곡 쌓여 갔다.

이로 인한 문제는 정말 급할 때 터지고 말았다. 중요한 강연을 앞두고 필요한 자료를 찾으려는데, 수많은 물건 사이에 도대체 어디에 어떤 자료가 있는지 알 수가 없었다. 결국 연구실을 샅샅이 뒤지느라 시간을 한참이나 허비했다. 환자를 더 볼 수 있고, 연구를 더 할 수 있었던 소중한 시간을 자료 몇 개를 찾는 데 빼앗기고 말았다. 내가 중독적으로 모으고 버리지 못한 물건들이 업무의 효율성을 낮추고, 삶의 질을 떨어뜨리는 원인이 된 셈이다. 누구를 탓할 수도 없었기에 자책할 수밖에 없었다.

당시 나는 스스로에게 왜 필요하지도 않은 물건을 끊임없이 사고 또 버리지 못하는지 계속해서 질문했다. 기나긴 성찰 끝에 '나중에 필요할 때 없으면 어쩌지?'라는 불안감에서 비롯된 강박이라는 사실을 인정하게 되었다. 필요할지도 모르니까 사고, 필요할지도 모르니까 버리지 못하는 그 강박 행동을 통해 안도감을 느끼는 과정에서 도파민이 분비되었고, 이는 다시 내가 물건을 쌓아 두는 행동을 강화하는 계기로 작용했다.

문제를 인지하면서부터 나는 불필요한 물건을 조금씩 줄여 나갔다. 정리 정돈이 단순히 공간을 정리하는 것이 아니라, 더 나은 삶의 질과 집중력을 회복하기 위한 필수 과정이라는 사실을 인정하게 된 것이다. 그때부터 덜어내는 것을 몸에 익힌 나는 미니멀리즘을 지향하는 사람이 되었다.

안타깝게도 일상을 망치는 중독 문제는 하나가 아닐 수도 있다. 나는 레지던트 시절 정말 커피를 달고 살았다. 과도한 업무로 인한 스트레스와 제시간 안에 일을 해내지 못하면 어쩌지 하는 불안감에 시달릴 때마다 수시로 커피를 찾았다. 커피를 마시면 뇌의 보상 회로에서 도파민이 분비되어 기분이 좋아지고 집중력이 높아지는 효과를 경험하게 된다. 그렇게 서서히 커피에 의존하게 된 것이다.

그러다가 어느 순간 커피 마시는 게 습관이 되어 버렸다. 하루에 한두 잔 마시던 것이 넉 잔으로 늘었고, 급기야는 커피를 거의 물처럼 마시는 지경에 이르렀다. 심할 때는 열 잔에서 스무 잔까지 마시는 날도 있었다.

커피를 과도하게 마신 날에는 부작용으로 잠들지 못했다. 너무 피곤한데 잠이 오지 않는 악순환이 반복되면서 규칙적인 일상의 패턴이 깨졌고, 소화불량까지 겪었다. 피로를 극복하고 쏟아지는 업무에 집중하기 위해 마셨던 커피가 오히려 건강을 해치는 결과를 초래한 셈이다.

어느 날 마주한 거울에 비친 내 모습은 충격이었다. 다 식어 버린 커피가 책상 위에 석 잔이나 놓여 있는데도 새로운 커피를 들고 있다니, 커피를 즐기는 수준을 넘어 지독하게 의존하는 중독 상태에 이르렀다는 것을 그제야 깨달았다.

나는 커피 마시는 횟수를 줄이려고 노력했다. 하루에도 수십 번씩 생각나는 커피를 멀리한다는 건, 의료 현장에서 여러 중독 문제와 그 문제가 가져오는 결과를 뻔히 아는 나조차도 정말 힘든 일이었다. 익숙해진 습관을 바꾸는 건 결코 쉬운 일이 아니다. 한 번에 확 줄이긴 어려워서 한 잔씩, 한 잔씩 줄여 나갔고 이제는 하루에 커피 한 잔, 많으면 두 잔 정도 마시는 일상을 유지 중이다.

사실 중독이라고 하면 흔히 마약과 같은 극단적인 중독을 떠올리지만, 우리가 일상에서 자주 접하는 음식, 쇼핑, 스마트폰 등 중독의 대상은 무궁무진하다. 도파민 중독은 누구나, 흔히 겪을 수 있는 문제인 것이다. 나도 겪어 봤기 때문에 환자들의 입장을 누구보다 공감하고 이해한다. 굳이 알리고 싶지 않은 내 중독 경험을 이야기하는 이유는, 중독 문제를 인지하고 해결하는 과정을 통해 깨달은 유의미한 극복 방법들을 도움이 필요한 이들과 공유하고 싶어서다.

이 책에서는 의학적인 접근을 바탕으로 특정 행위나 물질에 대한 집착과 의존, 지나친 사용과 같은 도파민 중독에서 벗어나 도파민 균형을 되찾는 구체적이고 실질적인 방법들을 담았다.

1부에서는 먼저 도파민이 무엇인지 그리고 우리 몸에서

어떤 역할을 하는지 들여다보고 이를 바탕으로 도파민 중독의 메커니즘을 파악한다.

2부에서는 도파민 중독으로 깨진 삶의 균형을 되찾기 위한 본격 도파민 디톡스 3단계를 소개한다. 1단계 중독 행위 인지하기, 2단계 방해 요소 멀리하기, 3단계 노력에 대한 보상받기로 이루어진 디톡스 여정을 통해 단순히 도파민을 제거하는 것이 아닌, 균형 회복을 목표로 직접 실천할 수 있는 세부 가이드라인을 제공한다. 시작이 어려운 사람들을 위해 도파민 디톡스에 참여한 실제 사례자 세 명이 동반자로 나선다. 그들의 구체적인 사례에 각자 자신의 경우을 대입하여 따라가 보면 좀 더 쉽게 여정의 첫발을 내디딜 수 있다.

마지막 3부에서는 도파민 균형 유지라는 장기적인 관점에서 봤을 때 습관화하면 좋을 대체 활동들을 소개한다. 실제로 많은 환자가 실천하여 효과를 입증한 방법들로 크게 운동, 음식, 수면, 스트레스 관리라는 네 가지 측면을 다루고 있다. 개인의 상황과 성향이 다 다르기에 최대한 다양한 방법을 소개하고 있으므로, 많은 방법 중 자신에게 잘 맞고 꾸준히 할 수 있는 것을 발견하고 습관화해 나가길 권한다.

무엇보다 이 책에는 내 경험뿐만 아니라 진료실에서 만난 환자들의 다양한 중독 사례가 담겨 있다. 모든 환자의 이름은 가명으로 표기했지만, 꺼내기 어려울 수 있는 자신의 이야기를 공개하는 데 선뜻 동의해 준 환자분들께 진심으로 감사의 마음을 전한다.

이 책은 도파민을 중점적으로 다루고 있지만, 가장 중요한 것은 도파민을 포함한 우리 몸속 호르몬들이 균형을 이루는 것이며, 이것이 건강한 삶의 핵심이다. 즉, '밸런스'가 중요하다. 어느 하나의 대상에 너무 치우치면 일상에 균열이 생기기 시작하고, 균형이 깨진 삶은 결국엔 무너지기 마련이다. 쾌락에 휘둘리지 않고 삶의 주도권을 되찾아 건강한 일상을 영위할 수 있도록 돕는 것이 이 책의 궁극적인 목표이자 나의 바람이다.

삶의 균형을 찾아가는 이 여정은 어렵고 때로는 두려움을 동반하겠지만, 그 과정에서 성장하고 발전하는 자신을 발견할 수 있을 것이다. 새로운 시작을 결심한 여러분은 이미 큰 변화의 첫걸음을 내디뎠다.

나는 그저 응원하는 마음으로 끝까지 함께하겠다.

나는 과연 도파민 중독일까?

○

중독을 판단하는 것은 여러 요소를 종합적으로 고려해야 하지만, 도파민 중독일 때 주로 경험할 수 있는 일반적인 증상을 토대로 만든 간단한 테스트를 통해 자신의 중독 정도를 대략 가늠해 볼 수는 있다.

도파민 중독 테스트에서 '자극'이란, 단 하루도 그 행위나 물질이 없으면 그냥 넘어갈 수 없는, 습관적으로 빠져 있다고 생각되는 대상을 뜻한다. 스스로 중독됐다고 느끼는 대상을 자극이라는 단어에 대입해 보면 된다.

───────── 자극의 예 ─────────

스마트폰, SNS, 유튜브, 게임, 술(알코올), 마약, 약물, 운동, 음식(탄수화물, 초콜릿, 아메리카노 등), 야식, 폭식, 담배, 도박, 주식, 비디오 게임, 쇼핑, 섹스, 포르노, TV 시청, 업무, 등산, 스릴, 새로운 경험, 위험한 행동 등

총 10개의 항목 중 체크한 항목이 3~4개에 해당하면 아직 중독이라고 보긴 어렵지만, 5~6개에 해당하면 중독이 의심되는 위험군, 7개 이상이면 중독 상태로 본다.

물론 정확한 진단을 하려면 전문의와의 구체적인 상담이 필요하다는 것을 염두에 두고 이 테스트는 간단한 셀프 점검 정도로만 활용할 것을 권한다.

설령 중독 상태라 해도 미리 걱정할 건 없다. 중독에서 벗어날 수 있다는 믿음으로, 꼭 벗어나겠다는 의지로 다음 장을 넘기자. 이 책이 끝날 때쯤이면 도파민의 균형을 되찾을 수 있을 것이다.

도파민 중독 테스트	
항목	체크 ☑
1. 매일 특정 자극에 대한 욕구를 강하게 느낀다.	
2. 점점 이 자극을 찾는 횟수가 늘고 강도가 세진다.	
3. 하루도 이 자극 없이는 생활이 안 된다.	
4. 하루에 이 자극에 쓰는 시간이 지나치게 많다.	
5. 자극을 줄이려고 노력하지만 쉽지 않다.	
6. 자극이 나에게 안 좋은 영향을 미치는 것을 알면서도 자꾸 찾게 된다.	
7. 자극을 즐기면서 대인 관계, 학업, 업무 등에 점차 소홀해진다.	
8. 주변인들에게 이 자극 문제로 인한 심각성을 숨긴다.	
9. 자극을 참거나 멈추었을 때 짜증 나고 불안하고 우울하다.	
10. 자극으로 인해 수면, 혈관 질환 등 건강상의 문제가 발생했다.	
합계	

차례

두 얼굴의 호르몬

삶의 균형을 찾는 습관들

1부

두 얼굴의 호르몬

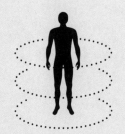

DOPAMINE · BALANCE

1장

보이지 않는
강력한 명령자

20대 후반에 당뇨 진단을 받았던 현선 씨가 1년 만에 다시 내원했다. 당뇨약을 끊어도 될 정도로 호전되어 기쁜 표정으로 취업 소식을 알려 왔던 치료 말미와 달리 안색이 매우 안 좋았다. 게다가 체지방량만 무려 5킬로그램 이상 증가한 걸로 봐선 현재 생활 습관에 문제가 있는 게 분명해 보였다.

현선 씨는 내 걱정을 알아차린 듯 그간의 일을 털어놓았다. 해야 할 일이 있는데도 유튜브 콘텐츠를 보다가 일을 미루기 일쑤였고, 매일 밤 숏폼(짧은 형태의 동영상) 콘텐츠를 새벽 3~4시까지 보다가 잠드는 일이 반복되었다고 했다. 그러다 보니 수면 시간이 부족해지면서 그 여파로 회사 업무에 집중하지 못했고, 업무를 할 때도 실수가 많아졌다고 했다.

"자기 전에 습관처럼 유튜브를 보게 돼요. 한두 개만 보고 자야지 하다가도 정신 차리면 어느새 새벽 4시가 돼 있더라고요. 머리로는 그만 봐야 한다는 걸 아는데, 다음 날이면 어김없이 또 보게 돼요. 저도 정말 제가 미친 것 같아요. 교수님, 혹시 저…… 도파민 중독일까요?"

현선 씨는 자신이 겪는 증상이 요즘 많이 언급되고 있는 도파민 중독 증상이 아닐까 의심하고 있었다. 악순환이 반복되면서 혈당 수치도 다시 위험 단계에 이르자 두려운 마음이 들었고, 건강부터 되찾아야겠다는 생각에 용기를 내어 다시 나를 찾아오게 됐다고 했다.

거의 치료됐던 환자의 증상이 다시 악화됐다는 건 의사로서 참 안타깝지만, 그래도 현선 씨가 이렇게 찾아와서 다행이라는 생각이 들었다. 건강을 회복하려는 의지가 있다는 뜻이니까. 지금부터 노력하면 얼마든지 다시 좋아질 수 있다.

손안의 감옥에
스스로 갇힌 사람들

스마트폰 중독은 비단 현선 씨만의 문제가 아니다. 다음 날 일정이 있는데도 새벽까지 유튜브 알고리즘 속을 허덕이거나, 조금이라도 시간이 나면 버릇처럼 SNS 숏폼을 몇 시간씩 들여다보는 건 이제 일상이 돼 버렸다. 정도만 다를 뿐 우리 모두가 겪고 있는 문제라 해도 과언이 아니다. 한시라도 스마트폰이 손에 없으면 불안한 상태가 된 것이다.

이러한 문제는 진료 현장에서 피부로 체감될 정도다. 나는 그동안 다양한 종류의 호르몬 질환으로 힘들어하는 환자들을 수없이 만났다. 그중 특히 최근 들어 내원한 환자들의 입에서 가장 많이 언급되는 호르몬이 바로 실행과 보상, 중독 증상과 깊이 연관된 '도파민'이다.

유튜브 콘텐츠에 중독되어 일상생활은 물론 건강에도 비상등이 켜진 현선 씨, 주식과 코인 등 투자에 온 정신이 팔려 업무 시간 내내 휴대전화만 들여다보는 30대 초반의 원호 씨, 정년퇴직 이후 뒤늦게 정치 유튜버에 빠져 가족들과 갈등을 겪고 있는 60대 중반의 윤화 씨……. 대사증후군이나 당뇨 등 호르몬 관련 증상으로 진료실을 찾아오는 환자들을 조금만 더 자세히 들여다보면 스마트폰 중독 문제와 증상이 관련 있는 경우가 적지 않다. 한 손에 들어오는 네모난 프레임이 제공하는 세상에 갇힌 채 누군가는 실직 위기에 처해 있었고, 누군가는 당뇨 합병증을 겪으며 중증 질환으로 가는 위험한 길을 걷고 있었다.

사람들은 스마트폰이 자신의 생활을, 나아가 건강을 망치고 있다는 사실을 모르지 않는다. 그걸 알면서도 왜 스마트폰을 내려놓기가 그렇게 힘든 걸까?

도파민 자체에는
중독성이 없다

내가 도파민 호르몬에 주목하기 시작한 것은 이때부터였다. 만약 내원한 환자들의 스마트폰 중독이 우리 뇌의 보상 시스템에서 중요한 역할을 하는 도파민과 연관 있을지도 모른다면, 표면적인 질병 이면에 숨겨진 도파민 분비와 관련된 중독 증상부터 개선하는 것이 우선이라고 생각했다. 그렇다면 누가, 왜, 어떻게 도파민에 중독되는 걸까?

사실 의학적으로 보면 '도파민 중독'은 잘못된 표현이

다. 도파민 자체에 중독성이 없기 때문에 사람이 도파민에 중독된다는 것도 있을 수 없는 일이다. 우리가 흔히 아는 '도파민 중독'이라는 표현은 도파민 자체가 아니라 뇌에서 도파민의 분비를 유발하는 활동, 물질, 자극 등에 중독됐다는 의미로 보는 것이 적절하다. 예를 들어, 늦은 시간에 야식을 먹는 것이 반복되고, 이것이 건강에 해롭다는 것을 알면서도 통제하기 어려운 상태에 빠졌을 때 도파민 중독을 의심해 볼 여지가 있다.

사람들은 도파민 중독이라고 하면 단순히 도파민이 지나치게 많이 분비된 상태를 떠올린다. 하지만 좀 더 정확히는 도파민의 분비량뿐 아니라 분비된 도파민과 결합하는 수용체(생화학 및 약리학에서 생물학적 시스템에 통합될 수 있는 신호를 수신하고 전달하는 단백질로 구성된 화학적 구조)에도 문제가 있는 것이라고 볼 수 있다(이와 관련한 자세한 내용은 60쪽에서 더욱 자세하게 설명하겠다).

하지만 최근 여러 미디어와 언론에서 디지털 콘텐츠나 자극적인 음식을 지나치게 소비하는 행태를 '도파민 중독'이라고 칭하는 만큼, 이해를 돕기 위해 이 책에서는 도파민의 생성, 방출, 수용체와의 결합과 같은 도파민 시스템의 문제로 특정 행위나 물질, 자극 등에 지나치게 빠져 있는 상태를 통틀어 '도파민 중독'으로 표현했음을 미리 밝힌다.

현대 사회에서 자극과 쾌락의 대명사로 떠오른 도파민. 하지만 아이러니하게도 알려진 이름에 비해 정작 도파민이 무엇이고, 어디에서 분비되며 우리 몸에서 어떻게 작용하는지 제대로 알고 있는 사람은 그리 많지 않다.

인간은 호르몬의 노예

"너희의 사상과 생각과 느낌 뒤에는 더욱 강력한 명령자, 알려지지 않은 현자가 있다. 그것은 바로 '자아'다."

— 프리드리히 니체

나는 독일 출신의 철학자 니체가 언급한 강력한 명령자, '자아'가 바로 우리 몸속에 있는 호르몬이 아닐까 생각했다. 실제로 내가 만난 환자들이 상담 중에 자주 꺼내는 말만 들어 봐도 그렇다.

"선생님, 요즘에 제가 다른 사람처럼 느껴져요."

"이유 없이 짜증이 나고, 주변 사람들까지 귀찮게 느껴지는데 왜 그럴까요?"

아침에 눈을 뜰 때부터 활동하고 저녁에 잠이 들 때까지 우리는 온종일 호르몬의 지배를 받는다. 몸에는 무려 4000가지 이상의 호르몬이 있을 것으로 추정하며, 그 가운데 비교적 잘 알려진 호르몬만 해도 100가지에 이른다. 오죽하면 "인간은 호르몬의 노예"라는 표현이 나왔을까?

문제는 환자들이 겪는 증상의 원인이 대체로 눈에 보이지 않는 호르몬에 있기 때문에 명확히 설명하기 힘들다는 것이다.

'불러 깨우다' '자극하다'라는 의미의 그리스어에서 유래한 단어 호르몬hormone은 어원처럼 실제로 혈액을 타고 흐르면서 신체의 균형을 유지하기 위해 각 기관을 자극하고 정보를 전달하는 물질이다.

호르몬은 사람의 생리 기능 조절, 혈당 조절, 성장, 열량(에너지) 생성과 이용, 성생활 등에 활력을 불어 넣는 등 생명 유지에 필수적인 역할을 담당하고 있다. 그러므로 우리가 호르몬을 어떻게 관리하느냐에 따라서 여러 질병을 개선하고 치료할 수 있다. 한마디로 호르몬은 우리의 생체 시계를 조절하는 화학물질인 셈이다.

신경전달물질인가 호르몬인가

그중 우리의 주 관심사인 도파민은 1910년 영국 런던의 웰컴 연구소에서 조지 바거George Barger와 제임스 유웬스James Ewens에 의해 발견되었고, 이후 1957년 스웨덴의 약리학자 아르비드 칼손Arvid Carlsson의 연구를 통해 그 기능이 세상의 주목을 받기 시작했다. 하지만 이때만 해도 도파민은 호르몬이 아닌 신경전달물질로 알려져 있었다.

도파민에 대한 관심이 급부상하면서 최근에야 두 용어의 차이를 궁금해하는 사람들이 늘었다.

호르몬과 신경전달물질은 우리 몸의 화학물질로서 세포 간의 소통을 담당한다는 점에서 비슷하다. 둘 다 신체의 다양한 부위와 기관에 메시지를 전달하여 몸의 생리적 반응과 행동을 조절한다. 다만, 작동 방식과 기능 면에서 차이가 있다.

좀 더 명확하게 설명하자면, 신경전달물질로서의 도파민은 우리의 뇌에서 신경계를 타고 수용체에 작용한다. 이는 마치 두 테니스 선수 사이를 오가는 테니스 공처럼 신경세포들 사이를 빠르게 오가며 소통하는 메신저 역할을 맡는다.

반면 호르몬으로서의 도파민은 내분비샘에서 분비되어 혈액을 타고 체내를 순환하며 각각의 기관이나 세포에 영향

도파민 밸런스

을 준다. 신경계를 통해 빠르게 소통하는 신경전달물질과 달리, 호르몬으로서의 도파민은 우리 몸 전체에 오랫동안 작용하여 짧게는 몇 분, 길게는 몇 시간 이상 지속될 수 있다.

예를 들어 길을 가다 돌멩이에 발이 걸려 넘어질 뻔했다고 가정해 보자. 이때 신경전달물질로서의 도파민은 신경 회로를 통해 "위기다!"라는 신호를 빠르게 전달한다. 그 결과 우리가 즉각적으로 발을 들어 올리거나, 돌멩이를 피하려는 반응을 보이게 되는 것이다. 이와 동시에 같은 실수를 반복하지 않도록 주변 환경에 대한 경각심을 높이는 작용도 한다.

호르몬으로서의 도파민은 발이 돌멩이에 걸려 스트레스를 받는 상황에 노출됐을 때, 스트레스 호르몬인 코르티솔 cortisol의 분비를 조절한다. 이를 통해 우리가 스트레스를 받는 상황에 적응하게끔 돕고, 혈류를 조절하여 심박수를 빠르게 하는 등 신체 반응을 조절한다.

이처럼 신경전달물질로서의 도파민과 호르몬으로서의 도파민은 같은 상황에서 비슷하면서도 별개의 작동 방식과 영향력을 갖고 있다고 이해하면 쉽다.

신경전달물질	호르몬
뉴런에서 생성	내분비 기관에서 생성
시냅스 간의 화학적 신호 전달	혈액을 통해 이동
일시적인 반응 유도	오랜 시간 동안 작용
제한적인 작용 영향	광범위한 작용 영향
신경망 조절	내분비 시스템 조절

도파민 밸런스

2장

쾌락보다
강력한
동기 부여

"교수님, 저 내년에 보디 프로필body profile(꾸준한 운동, 식단 관리 등으로 만든 뛰어난 몸매를 사진으로 촬영하는 것 또는 그런 사진)에 도전해 보려고요."

당뇨 증상으로 내원한 40대 초반의 민수 씨가 희망찬 목소리로 포부를 밝혔다. 운동을 통해 몸을 가꾸며 당뇨 증상까지 극복해 보겠다는 의지를 내비친 것이다. 실제로 민수 씨는

주 5일 퇴근 후 헬스장을 찾았고, 보디 프로필을 촬영하겠다는 목표를 8개월 만에 이루었다. 건강도 자연스레 되찾았다.

물론 중간에 고비가 없었던 건 아니다. 퇴근 후 매일 헬스장에 가는 게 말처럼 쉬운 일이 아니라는 건 직장인이라면 모두 공감할 것이다. 일이 많아 피곤한 날은 집에 가서 쉬고 싶기도 하고, 퇴근 후 동료들과 술 한잔하고 싶은 날도 있었지만, 민수 씨는 그럴 때마다 불룩한 뱃살이 점점 들어가고, 당뇨 증상이 좋아지는 상상을 했다. 오늘보다 더 좋은 미래에 대한 기대감으로 힘들어도 헬스장으로 발길을 돌렸다.

민수 씨의 사례처럼, 미래의 보상에 대한 기대감으로 하기 싫은 마음을 극복하게끔 이끌어 주고, 눈앞의 고통에도 불구하고 목표를 달성하기 위한 추진력을 생성해 주는 것이 바로 도파민의 주된 역할이다.

사람들이 도파민에 주목하는 이유 역시 도파민이 동기 부여와 성취감에 영향을 주기 때문이 아닐까. 과도한 업무와 빼곡한 일정으로 가득한 치열한 경쟁 사회에서 높은 집중력을 발휘해 목표를 향해 나아가는 법을 도파민에서 찾으려는 사람이 늘고 있다는 의미이기도 하다.

도파민이 터진다는
말의 함정

그런데 언제부턴가 "도파민이 터진다"라는 표현을 쓰는 사람들이 많아지면서 도파민을 쾌감을 느낄 때 나오는 신경전달물질로 인식하는 경우가 늘었다. 물론 틀린 말은 아니지만, 자칫하면 쾌감을 느낄 때만 도파민이 많이 분비된다고 착각하거나 도파민의 역할을 축소할 우려가 있다.

꼭 쾌감을 느껴서 즐거운 상태를 유발하지 않더라도, 원하는 결과를 달성하기 위한 행동을 이끌어 내는 것이 바로 도파민의 역할이라고 강조하고 싶다.

그룹 god의 너무도 유명한 노래 〈어머님께〉의 가사 중에 "어머니는 자장면이 싫다고 하셨어"라는 부분이 있다. 어머니가 아들에게 자장면을 사주며 본인은 자장면이 싫다고 말하는 장면을 묘사하고 있다.

하지만 이 노래를 듣는 우리는 안다. 어머니가 진짜 자장면이 싫어서가 아니라 형편이 넉넉하지 않은 와중에 아들에게만이라도 자장면을 사 주려고 그렇게 말한 것임을. 비록 본인은 배고플지언정, 자장면을 맛있게 먹으며 좋아하는 아들의 모습을 지켜보는 게 어머니에겐 행복이자 보상이 아니었을까.

이때 어머니의 뇌에서는 분명 도파민이 분비됐을 것이다.

민수 씨가 퇴근길에 쉬고 싶은 유혹을 뿌리치고 헬스장에 가서 운동한 것처럼, 배고픈 어머니가 아들을 위해 맛있는 자장면의 유혹을 참았던 것처럼, 보상에는 노력과 대가가 따른다. 결코 즐거움만 있지 않다. 어쩌면 목표를 이루는 과정은 수많은 고통의 연속일지도 모른다. 그런 면에서 도파민을 쾌락을 대표하는 화학물질로 정의하기보다는, 좀 더 명확히는 '동기를 부여하여 보상을 추구하게 하는' 화학물질이라고 정의해야 하지 않을까.

뇌의 보상 메커니즘

뇌의 보상 시스템에서 도파민은 어떤 방식으로 작동하는 걸까? 다음 그래프를 보자.[1] 특정 행위를 할 때 피실험자의 분당 도파민 활성도 변화량을 뇌 기능 자기 공명 영상MRI 사진을 통해 분석한 연구에서, 대상자 중 일부를 제외하곤 일반적으로는 금전적 이득을 얻었을 때 높았던 도파민 활성도가 금전적 손해를 보면 낮아지는 것을 확인할 수 있다. 그럼 우리는 다시 이익을 얻을 수 있는 방향으로 행동하려 하

도파민 밸런스

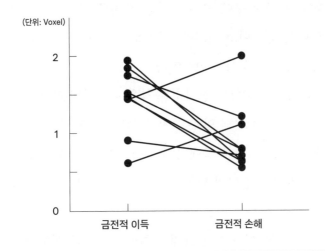

고, 이때 도파민은 동기 부여의 역할을 한다.

신경과학자 등 여러 분야의 연구자들은 도파민이 뇌의 보상 시스템에 작용하는 방식을 연구했다. 대표적인 예로, 세계적인 도파민 연구 권위자인 스위스 프리부르대학교 신경생리학 교수 볼프람 슐츠Wolfram Schultz는 학습 과정에서 도파민의 역할을 알아보기 위해 실험을 하나 진행했다.

원숭이 뇌 속 도파민 세포가 분포된 곳에 작은 전극을 심은 후 원숭이 우리 좌우에는 전구를 설치하고, 전구와 연결된 상자 2개를 함께 배치했다. 이 장치의 원리는 생각보다 간단하다. 왼쪽 전구에 불이 켜지면 오른쪽 상자에 먹이가 들어 있다는 신호이고, 오른쪽 전구에 불이 켜지면 왼쪽 상자에 먹이가 들어 있다는 신호였다.

처음에는 원숭이가 장치의 규칙을 이해하지 못했기 때문에 먹이를 얻기 위해 아무 상자나 열었다. 그 결과, 두 번 시도하면 한 번 먹이 획득에 성공했다. 예상대로 먹이를 발견함과 동시에 원숭이의 뇌에서는 도파민이 분비되는 게 확인됐다.

그런데 원숭이가 이 신호의 규칙을 완벽하게 이해한 후에는 어떤 변화가 있었을까? 시도하는 족족 먹이를 얻을 수 있었다. 다만 이때부터 달라진 점이 있다. 바로 원숭이 뇌에서 도파민이 분비되는 시점이다. 이전처럼 먹이를 찾았을 때가 아니라, 전구에 불이 들어온 순간부터 도파민이 분비되기 시작했다. 불빛과 먹이 간의 연결고리를 이해한 원숭이가 먹이를 발견했을 때가 아니라, 불빛이 켜질 때 전율을 느낀 것이다.[2]

육체의 쾌락보다 감정적 만족

원숭이가 전율을 느낀 보상을 생각해 보면 이는 단순한 쾌감과는 분명히 다르다. 육체가 느끼는 짜릿한 감각이 아니

도파민 밸런스

라 원하는 것을 얻었을 때의 기쁨, 환희, 희열 등 감정을 통해 느끼는 것이다. 즉, 육체적 쾌락보다는 "해냈다!"라는 만족감, 성취감, 의기양양함과 같은 감정이 도파민 분비를 통해 느끼는 보상인 셈이다.

따라서 보상의 즐거움을 경험한 원숭이는 이후 보상이 예측되기만 해도 그 기대감에 도파민 수치가 올라간다. 이게 바로 도파민이 뇌의 보상 시스템에 작용하는 방식이다. '학습-동기 부여-보상'의 과정을 거치는 것이다.

이러한 메커니즘은 일상에서도 발견할 수 있다. 예를 들어 아기가 배고플 때마다 큰 소리로 울기 시작하면 어떻게 될까? 아기가 배고프다는 걸 눈치챈 부모는 달려와서 아이에게 먹을 것을 줄 것이다. 그럼 아이는 배가 고플 때마다 울면 된다는 것을 학습한다. 또한 자신이 방긋방긋 귀엽게 웃을 때마다 부모가 더 예뻐해 준다는 것을 경험을 통해 학습한 아기는 부모로부터 관심을 받고 싶을 때면 웃으면서 애교를 부리는 행동을 점점 강화해 간다.

시험에서 좋은 성적을 거뒀을 때 들은 부모의 칭찬에 힘입은 아이가 더욱 공부에 흥미를 느끼게 되는 것도, 스포츠 경기에서 우승하거나, 새로운 기술을 배웠을 때 느끼는 기쁨과 보람을 다시 경험하기 위해 노력하는 것도 마찬가지다.

그 과정에서 어려운 순간이 오더라도 도파민은 끈기와 의지력을 발휘하는 원동력이 되어 준다.

원동력을 잃은 자의 최후

미국 스탠퍼드대학교 신경생물학과 연구팀은 포유류의 의지력에 도파민이 어떻게 작용하는지 관찰하는 실험을 진행했다. 뇌에 전극을 심어 유전자 조작으로 도파민을 분비할 수 없게 된 쥐들 앞에 맛있는 먹이를 두고 반응을 살폈다.

결과는, 도파민 신경을 차단당한 쥐는 더 이상 먹이를 찾아 헤매지 않았다. 심지어 먹을 것을 코앞에 두고도 먹으려는 의지가 없어 보였다. 그러나 이때 쥐의 입에 직접 먹이를 넣어 주면 예상외로 쥐는 마치 그 먹이를 즐기는 듯 맛있게 씹었다. 즉, 맛을 느끼는 감각은 여전히 살아 있다는 의미였다.

이상한 점은 도파민이 고갈된 쥐는 먹이의 맛을 경험하고도 더 먹기 위해 어떠한 행동이나 노력도 하지 않는다는 것이다.[3] 음식에 대한 욕망을 잃은 쥐들은 결국 어떻게 됐을까? 결과는 뻔하다. 먹지 않으니, 굶어 죽는 슬픈 결말을 맞

도파민 밸런스

이했다.

인간을 포함한 포유류의 뇌 속 도파민을 억제하거나 차단하면, 맛있는 음식이 주는 행복을 누리기 위한 노력, 의욕, 즉 동기 부여를 일으키는 원동력 자체를 잃게 된다는 것을 알 수 있다.

잠시 휴대용 손전등을 생각해 보자. 딱 맞는 건전지를 넣어야 손전등의 불이 밝게 켜지는 것처럼, 우리의 뇌도 여러 종류의 신경전달물질과 이에 맞는 수용체가 정확히 결합할 때 정상적으로 기능할 수 있다. 따라서 도파민 수용체가 제대로 활동하지 않거나 갑자기 변칙적인 증감을 반복할 때, 신경전달물질의 불균형이 발생해 각종 질환과 증상이 나타날 수 있다.

의학적으로 이러한 증상은 '도파민 수용체 시스템'상의 문제로 간주하지만, 여기서는 도파민의 생성, 방출, 수용체와의 결합 및 그에 따른 생리적 반응을 포괄하는 '도파민 시스템'이라는 넓은 개념으로 설명하겠다. 이러한 도파민 시스템에 문제가 생기면 어떻게 될까?

도파민의 균형이 중요한 이유

우리 뇌에서 운동 능력을 조절하는 도파민의 신경세포

가 소실되거나 파괴되면 큰 이상이 발생한다. 대표적인 사례가 바로 전설의 복서 무하마드 알리Muhammad Ali다. 복싱 역사상 가장 위대한 선수로 평가받았던 그는 안타깝게도 40대에 파킨슨병 진단을 받았다. 파킨슨병은 손발에 경련이 일어나고 근육이 경직되며 팔다리의 움직임이 느려지는 질환으로, 알리는 시합 중 두부에 받은 타격으로 도파민 수용체에 문제가 생겨 파킨슨병을 앓게 되었다고 추정된다. 이처럼 도파민은 우리가 몸을 부드럽고 정교하게 움직이는 데에도 기여한다.

그뿐만 아니라, 도파민 시스템에 문제가 생기면 우리의 감정에도 여러 변화의 징후가 나타날 수 있다. 대표적으로 도파민이 부족할 경우 그렇지 않은 사람보다 우울증에 걸릴 확률이 높다. 또한, 만족감이 약해져서 무언가를 시도할 때 힘이 없거나 자괴감에 빠질 수도 있다.

반대로 도파민 분비량이 과다해져도 문제가 발생한다. 예를 들어, 칫솔로 온 집 안을 청소하거나, 책에 있는 글자 수를 하나하나 세어 보거나, 이를 계속 갈아서 잇몸과 이를 혹사하는 등 강박 문제가 생기기도 하고. 주의력 결핍 과잉행동 장애ADHD, 조현병, 과대망상 등의 증상이 나타날 수도 있다.

도파민의 다양한 기능

감정 및 행동 관련 효과
• 신경전달물질 •

1. 운동 근육의 움직임, 팔다리의 의식적 운동에 영향을 준다.
2. 기분 긍정적인 마인드, 자신감에 영향을 미친다.
3. 행동 적극적 계획, 행동 돌입에 도움을 준다.
4. 집중력 목표에 집중하게 한다. 도파민이 부족하면 ADHD가 발생할 확률이 높아진다.
5. 기억력 전두엽 해마에 도파민 수용체의 자극이 있으면 기억을 구축하고 강화할 수 있다.
6. 학습과 습관 집중력과 기억력 강화를 바탕으로 학습 능력 향상과 습관 형성에 영향을 미친다.
7. 인지 능력 핵심을 파악해서 의사결정을 내리고 문제를 해결하는 능력을 높인다.

신체적 효과
• 호르몬 •

1. 소화 소화 시스템 조절을 돕고 장 점막을 보호한다.
2. 여성 건강 프로락틴(뇌하수체에서 분비하는 호르몬 중 하나로 젖 분비 호르몬이라고도 한다)의 분비를 억제한다.
3. 심장 심장을 수축시켜 심장 박동률을 상승시킨다.
4. 간 나트륨, 소변 배출을 증가시킨다.
5. 췌장 인슐린 분비량을 감소시킨다.

6. 혈관 노르에피네프린(교감 신경 계통의 신경 전달 작용을 하는 부신 속질에서 아드레날린과 함께 분비되는 호르몬)의 분비를 억제하고 혈관을 확장시킨다.

7. 면역계 림프구 활동을 감소시킨다.

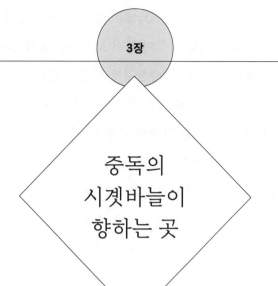

3장

중독의
시곗바늘이
향하는 곳

"제가 술을 마셔야 잠도 자고, 집도 치우고, 그나마 힘이 나요. 술을 끊지 않고 치료할 수 있는 방법은 없을까요?"

40대 후반의 진성 씨는 내원할 때마다 똑같은 말을 되풀이한다. 5년 전까지만 해도 잘나가던 대기업 연구원이었던 그는 술 문제로 아내와 이혼했고, 어렵게 입사한 회사마저 알코올 입원 치료로 퇴사할 정도로 심각한 알코올 중독 증세를 보였다. 더 큰 문제는 당뇨병이 있어서 당뇨 합병증까지 겪으면서도 술을 끊을 생각이 없어 보인다는 점이었다.

알코올이 간 기능을 손상시켜 인슐린 분비가 감소되면 초기에는 공복 저혈당을 일으킬 수 있다. 그러나 계속된 알코올 섭취는 혈당 조절을 방해해 나중에는 고혈당을 유발한다. 즉, 혈당 변동성을 악화시켜 결국은 당뇨 합병증의 위험이 증가하기 때문에 의사로서 이대로 지켜볼 수만은 없었다. 진성 씨의 건강을 되찾기 위해선 알코올 중독 치료가 시급했다.

술을 마셔야만 생활할 의지가 생긴다는 진성 씨의 자조 섞인 이야기를 들으며, 나는 그의 도파민 시스템에 문제가 생겼음을 직감했다.

알코올은 우리 뇌의 도파민 수용체와 상호 작용하여 도파민의 분비를 촉진한다. 혈중 알코올 농도가 치솟을 때 뇌에서 도파민을 분비함으로써 우리는 짜릿하고 유쾌한 감정을 느낀다. 술을 마시면 일시적으로 기분이 좋아지는 이유도 그래서다. 가끔 적당하게 술을 즐기는 정도는 괜찮지만 뭐든 지나치면 문제가 된다.

진성 씨도 처음에는 일주일에 맥주 한두 캔 정도 마시던 게 다였다. 그런데 이제는 매일 소주 두 병을 마셔야만 겨우 잠들 수 있고, 술이 건강에 악영향을 끼친다는 걸 알면서도 술 없이는 하루도 못 사는 중독 상태에 이르렀다.

이처럼 도파민 중독은 술, 야식, 폭식, 과도한 쇼핑, 스마트폰 중독과 같은 다양한 모습으로 일상 곳곳에서 우리를 위협하고 있다.

욕망할 것이냐
통제할 것이냐

"인내는 쓰나, 열매는 달다"라는 말은 뇌의 보상 시스템에도 적용된다. 뇌의 보상 회로가 반응하면 도파민이 분비되는데, 도파민에는 오늘보다 더 나은 내일을 만들기 위해 끊임없이 무언가를 갈망하는 '욕망 회로'와 그 욕망을 구체적으로 실현하기 위해 필요한 것을 계산하고 계획하여 당장 폭주하려는 욕망을 진정시키는 브레이크 역할의 '통제 회로'가 존재한다. 이 말은 쾌락과 고통을 처리하는 뇌의 부위가 동일하다는 의미다.

그래서 우리의 삶은 언제나 '지금 즐길 수 있는 일'과 '당장은 인내와 고통이 따르지만 인생 전반에 걸쳐 만족감을 느끼는 일' 사이에서 끊임없이 갈등하며 선택해야 하는 과정의 연속이다.

　이해하기 쉽게 우리의 뇌를 놀이터에 있는 시소에 비유해 보자. 시소의 기준점을 중심으로 '쾌락'과 '고통'이 서로 마주 보고 앉아 있다. 만약 정말 굳은 결심을 하고 다이어트 중인데 휘핑크림을 잔뜩 얹은 달콤한 초콜릿 음료를 한 잔 마시면 어떻게 될까? 뇌는 달콤한 자극에 도파민을 분비하고, 시소는 당연히 쾌락 쪽으로 기울어진다.

　기본적으로 인간의 신체는 체내의 환경을 일정하게 유지하려는 성질, 즉 '항상성'을 지닌다. 우리 뇌도 이 항상성을 유지하려고 하므로 도파민 생성과 전달을 감소시켜 쾌락 쪽으로 기운 시소의 균형을 되찾으려 할 것이다.

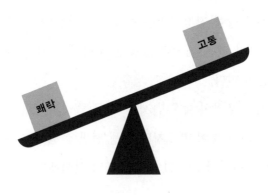

　　　　　　　　　　　　　　　　　　도파민 밸런스

즐거움이 사라져 갈수록 달콤한 음료를 마시고 싶다는 생각이 더욱 간절해진다. 잠깐의 쾌락 뒤 밀려오는 공허함과 고통이 다시금 초콜릿 시럽이 잔뜩 들어간 음료가 주는 즐거움을 찾아 나서도록 부추긴다. 하지만 대개는 이러한 충동을 참아 낸다. 절제와 인내가 주는 고통을 선택하는 것이 다이어트라는 목표를 향해 가는 일이니까. 아무리 생각해도 한 잔에 500칼로리에 이르는 음료가 다이어트에 좋을 리는 없지 않은가.

이처럼 도파민은 우리의 뇌에서 '행동 추구를 유발하는 당근'과 '행동 억제를 유발하는 채찍', 이 두 가지 역할을 동시에 담당한다. 쾌락과 고통 사이에서 적절한 균형을 맞추려 하는 것이다.

노력 없이 얻는 쾌감이 무서운 이유

아무리 좋아하는 음식이라도 일주일 내내 삼시 세끼를 먹으면 입에 물리듯이 쾌감을 주는 행동 역시 반복할수록 그 즐거움이 줄어든다. 이는 도파민 수용체가 점점 '내성'을 갖기 때문이다. 중독이 정말 무서운 이유가 바로 여기에 있다.

결과적으로 혈당 스파이크를 일으키는 초콜릿 음료를 절제하지 않고 먹고 싶을 때마다 계속 마시면, 어느 순간 더 많은 양, 더 강한 자극을 주는 무언가를 찾아야만 초콜릿 음료를 한 잔 마셨을 때의 기분을 느낄 수 있게 된다. 그럴수록 자신의 몸은 물론 생활까지 모두 망칠 수 있다는 걸 알면서도 자꾸 더 원하게 되는 것이다.

나는 진성 씨를 오랫동안 진료하면서 그가 건강한 삶을 되찾기 위해서라도 술과 함께 꼭 끊었으면 싶은 게 있다. 바로 담배다.

"끊고 싶죠. 그런데 술만 마시면 담배가 더 생각나요. 저만 그런 거 아니잖아요?"

틀린 말은 아니다. 술과 담배라는 환상의 조합을 끊지 못해 괴로운 사람들은 한둘이 아니다. 왜 술을 마시면 흡연 충동이 더욱 강해지는 걸까?

결론적으로 두 물질이 도파민을 자극하는 패턴이 유사해서 그렇다. 알코올은 소량만 섭취해도 도파민 분비를 증가시킬 수 있다. 담배도 마찬가지다. 담배 속 니코틴이 우리 몸에 들어오면 혈관을 타고 뇌에 도달하게 된다. 이때 니코틴은 뇌의 보상 회로를 자극해 신경전달물질인 도파민을 분비시켜서 쾌감을 느끼게 하는 것이다.

문제는 술과 담배 등 외부 요인으로 도파민이 자주 분비되면, 우리의 뇌는 어떻게 해야 더 많은 쾌감을 얻을 수 있는지를 학습한다. 그래서 술을 마실 때는 담배를, 담배를 피울 때는 술을 찾게 만드는 것이다.

당뇨병 환자인 진성 씨에게 술과 담배는 그야말로 최악의 조합이다. 당뇨만으로도 생명과 직결된 동맥경화증 발생 위험률이 3~4배 정도 증가하는데, 여기에 알코올과 니코틴까지 추가되면 그야말로 불난 곳에 휘발유를 끼얹은 셈이다.

특히 알코올, 니코틴, 마약 같은 물질에 중독되기 쉬운 이유는 별다른 노력 없이도 손쉽게 즉각적인 쾌감을 제공하여 뇌의 보상 회로를 자극하기 때문이다. 우리가 장기간 다이어트 계획을 실천하여 성공하거나, 오랜 짝사랑 끝에 고백에 성공했을 때 분비되는 도파민의 양보다 훨씬 많은 양의 도파민을 너무 쉽게 얻게 되는 것이다. 무엇이든 노력 없이 손쉽게 얻는 것은 문제를 일으킨다.

외부 물질의 자극으로 도파민 분비 사이클이 지나치게 빨라지면 통제 불능의 상태에 빠지고, 욕망 회로와 통제 회로 사이의 균형이 무너진다. 이 원리는 약물 중독 사례에서 더욱 자세히 살펴볼 수 있다.

더 많은 양,
더 강한 자극

최근 10대 청소년층부터 4~50대까지 약물 중독 증상을 호소하는 사례가 점점 늘고 있다. 대검찰청이 발표한 〈2023 마약류 범죄백서〉에 따르면, 관련 통계 작성 이후 마약류 사범이 2만 명을 넘어서며 역대 최대치를 기록했다고 한다. 특히 10대 청소년 마약 사범의 수는 1477명으로 전년도 481명 대비 207퍼센트나 증가했다.[1]

병원 처방으로 구매할 수 있는 졸피뎀zolpidem(수면제의 일종), 펜터민phentermine(식욕 억제제의 일종), 프로포폴propofol(수면 마취제의 일종) 등 향정신성 의약품 중독자 수도 빠르게 증가 추세에 있다. 그중 상당수는 청소년기에 일명 '공부 잘하는 약'으로 불리는 ADHD 치료제인 콘서타concerta 나 '살 빠지는 약' 등을 사용하다가 점점 더 강한 자극을 추구하며 의료용 마약류에 중독된 것으로 알려져 있다.

유명인, 일반인 할 것 없이 일명 '우유 주사'라 불리는 수면 마취제 프로포폴 같은 의료용 마약을 상습 투약하는 문제도 늘고 있다. 심하면 수십억 원을 쏟아붓고 엄청난 부작용에 시달리면서도 투약을 멈추지 못하는 경우도 있다.

내가 만난 환자 중에도 다이어트약 중독이 의심되는 사례가 있었다.

"교수님, 저 또 살찌면 어떡하죠? 너무 걱정돼요. 다이어트약 한 번만 처방해 주시면 안 될까요?"

40대 초반의 성희 씨는 2형 당뇨병으로 내원할 당시만 해도 체질량지수BMI(체중을 키의 제곱으로 나눈 것)가 30킬로그램 퍼 제곱미터(kg/㎡) 이상이었다. 보통 25km/㎡ 이상을 비만으로 정의하기 때문에 나는 성희 씨에게 체중의 5~10퍼센트를 감량할 것을 권장했었다.

비만은 대부분의 만성질환에 악영향을 미치고, 체중 감량은 혈당 개선에도 꼭 필요하다. 그래서 평소 야식과 폭식이 잦았던 성희 씨에게 치료 초기에는 다이어트에 도움이 되는 약을 처방하기도 했었다. 다행히도 성희 씨는 식이요법과 운동을 병행한 끝에 체중 감량에 성공했고, 당뇨약을 복용하지 않아도 될 만큼 건강을 되찾을 수 있었다.

그런데 3년 만에 내원해서 갑자기 다이어트약을 처방해 달라고 하니, 의사로서 약물 중독을 의심할 수밖에 없었다. 성희 씨는 이제 누가 봐도 저체중으로 보일 정도로 마른 체형이었다. '혹시 당뇨병 치료 이후 여러 병원에 다니며 다이어트약을 처방받아 온 것은 아닐까' 하는 의구심마저 들었다.

펜터민, 펜디메트라진phendimetrazine, 디에틸프로피온diethylpropion, 마진돌mazindol 등 병원에서 처방받을 수 있는 식욕 억제제는 우리 뇌에 작용하여 배고픔을 덜 느끼게 하거나 포만감을 높이는 효과를 준다. 문제는 이러한 식욕 억제제의 각성 성분이 헤로인heroin, 프로포폴, 대마 등과 같은 마약류에 해당한다는 점이다. 이에 따라 마약 중독자들이 마약 대신 식욕 억제제를 처방받아 복용하는 사례가 있을 만큼 다이어트약의 남용은 매우 위험하다.

그래서 다이어트약 처방에는 엄격한 규정이 있다. 한 가지 약물만, 복용 기간 4주 이내로, 최대 3개월을 넘지 않아야 하며 19세 이상의 체질량지수 $30km/m^2$ 이상인 사람에게만 처방할 수 있다. 당연히 저체중인 성희 씨에게는 다이어트약을 처방해 줄 수 없었다.

약물 중독자의 뇌

중독성이 강한 약물은 도파민의 욕망 회로를 강타해 뇌 속에서 화학적 대폭발을 일으킨다. 이는 도파민의 정상적인 회로를 우회한 셈이다. 그래서 뇌는 항상성을 유지하기 위해 과도하게 도파민이 분비될 때 도파민 수용체의 수를 줄이는 작업을 수행한다.

예를 들어, 평소 도파민 수용체가 100개인 것이 정상이라고 가정해 보자. 그러나 약물 등에 의해 도파민이 비정상적으로 과잉 분비될 경우, 뇌는 도파민 수용체 수를 90개, 80개, 70개…… 이런 식으로 점차 줄인다. 즉, 도파민이 너무 많이 분비되면 도파민 수용체가 줄어들고 기능이 저하된다는 의미다. 도파민 생산을 아무리 늘려도 기능적인 측면에서 오히려 효율이 떨어지게 되는 것이다.

다음 양전자 방출 단층촬영positron emission tomography, PET 사진 이미지[2]를 통해 일반인과 중독자의 도파민 수용체 상태를 실제로 비교해 보자.

일반인과 중독자의
도파민 수용체 활성화 상태 비교

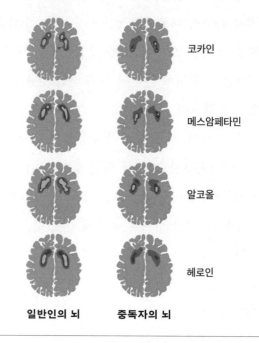

코카인

메스암페타민

알코올

헤로인

일반인의 뇌　　**중독자의 뇌**

파란색으로 표시된 부분은 도파민 수용체의 활성화를 나타내며, 파란색이 넓게 분포할수록 도파민 수용체의 양과 밀도가 높다는 의미다. 일반인의 뇌와 약물 중독자의 뇌를 비교한 사진 이미지를 살펴보면, 일반인의 뇌에서 보이는 파란색 표시 부분이 중독자의 뇌에서는 거의 보이지 않는다는 것을 알 수 있다.

도파민 밸런스

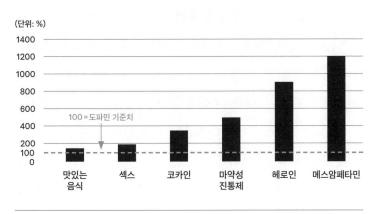

(단위: %)

1400
1200
1000
800
600
400
200
100
0

100 = 도파민 기준치

맛있는 음식 | 섹스 | 코카인 | 마약성 진통제 | 헤로인 | 메스암페타민

이것은 무엇을 의미할까? 결국 약물을 남용할 때 도파민 수용체가 파괴되어 약물의 효과를 점점 더 느낄 수 없게 된다는 뜻이다. 즉, 도파민 시스템이 망가졌다는 것이다.

실제로 메스암페타민methamphetamine(필로폰)을 투약하면 도파민이 정상 분비량 대비 최대 1200퍼센트까지 증가하여 극도의 행복감을 느낀다.[3] 며칠 동안 잠을 자지 않고 활동할 만큼 극단적인 각성 효과를 경험하는 것이다. 우리가 일상에서 맛있는 음식을 먹어서 얻는 보상의 무려 10배에 이르는 쾌감을 순식간에, 아주 쉽게 얻는 셈이다.

하지만 마약과 같은 약물 남용의 결과는 뻔하다. 약물

이 주는 자극에 익숙해지면서 일상에서 누리는 행복이나 보상의 쾌감을 더는 느끼지 못하게 된다. 이에 따라 뇌의 보상 시스템에서는 더 많이, 더 빠르게 도파민을 분비하게 만드는 자극을 원하게 된다. 결국 더 많은 양의 마약에 의존하게 되고, 그럴수록 삶은 더욱 피폐해진다.

도파민 중독의 메커니즘은 운전자의 잘못된 운전 습관으로 자동차(뇌)의 연비가 계속 떨어지는 것과 같과 같은 원리다. 아무런 경계 없이 험난한 도로를 계속 빠르게 달린다면 자동차는 결국 더 많은 연료(도파민)를 소비하면서 점점 더 망가질 것이다. 타이어가 닳아 펑크 날 수도 있고, 엔진에 문제가 생길 수도 있다. 이것이 도파민 중독자의 결말이다.

편리한 삶이 주는
딜레마

과거 인류는 생존을 위해 오랜 시간 목숨을 걸고 사냥했다. 다른 지역으로 이동할 때는 먼 거리를 직접 걸어갔다. 그러나 이제는 그럴 필요가 없다. 휴대전화만 있으면 무엇이든 다 된다. 집 앞으로 택시를 부를 수도 있고, 먹고 싶은 것은 앱app을 통해 주문하면 바로 집 문 앞까지 배달된다. 결제를 위해 지갑을 찾을 필요도 없다. 카드만 앱에 등록해 두면 서명 없이 즉시 결제가 가능하다. 또한 빅테크 기업이 만든 알고리즘이 '나만을 위한 맞춤형' 동영상, 광고, 쇼츠까지 자동으로 제공해 준다. 심지어 과거의 구매 기록과 검색 내용을 기반으로 나의 취향에 맞는 상품까지 추천해 주는데, 이보다 더 편리할 수 있을까?

요즘 도파민 관련 강연을 다니다 보면 노트에 직접 필기하는 학생을 거의 보기 어렵다. 대부분은 강의 내용을 기록하고 요약해 주는 앱을 이용한다. 심지어 생성형 인공지능AI인 챗GPT에 질문하면 학교 과제를 위해 공들여 자료를 찾지 않아도 필요한 정보나 지식을 쉽게 습득할 수 있는 시대가되었다. 내가 대학생 때는 상상도 못 했던 일이다.

물론 알고리즘의 추천 덕분에 의외로 좋은 상품을 발견할 수도 있고, 다른 사람이 요약한 영상이나 정보를 통해 원하는 자료를 편리하게 획득하는 것은 시간을 아낄 수 있다는 점에서 큰 장점이다.

하지만 이러한 편리함 뒤에는 부작용도 존재한다. 쉼 없는 알고리즘의 활동으로 눈에 띈 물건을 충동적으로 구매한 뒤 후회하기도 하고, 학생들은 스스로 글을 읽고 해석하며 비판하는 기회를 점점 잃어 가고 있다. 디지털 시대가 불러온 문제는 심각한 수준이다. 환자들뿐만 아니라 주변에서도 스마트폰 중독을 호소하는 사람이 한둘이 아니니 말이다. 당장 출퇴근길 지하철 안만 봐도 상황의 심각성을 알 수 있다. 대부분 손에 든 스마트폰을 내려다보고 있느라 굽어 있는 목은 뒷전이다.

예전엔 스마트폰으로 하는 것이 그나마 다양했지만, 지금은 대체로 비슷하다. 영상에 빠져 있다. 이제는 영상의 길이도 중요하다. 사람들은 긴 영상을 견디지 못하고 숏폼에 빠져든다. 정해진 기준은 없지만 대개 영상의 길이는 60초 미만으로 틱톡, 유튜브 '쇼츠', 인스타그램 '릴스' 등이 대표적이다. 영상은 대부분 댄스 챌린지, 예능 속 빵 터지는 장면, 반려동물의 귀여운 모습, 불특정 다수의 엉뚱한 반응 등 일상적인 내용이 담겨 있다. 문제는 스트레스를 해소한답시고 보기 시작한 숏폼 시청이 일상에 지장을 줄 만큼 중독 행동으로 이어진다는 점이다.

숏폼이 뇌를 망친다

갑상샘 호르몬 문제로 내원했던 30대 여성 화영 씨도 예외는 아니었다.

"주말에 일부러 스터디 카페를 갔어요. 그런데 거기서 제가 한 게 뭔 줄 아세요? 잠깐 뭐 좀 검색해야지 하고 네이버에 들어가서 클립을 한참 보다가, 인스타그램 알림 오면 확인 하러 들어갔다가 릴스만 계속 보고, 나중에는 유튜브 쇼츠 보느라 시간 가는 줄 몰랐다니까요."

은행원인 화영 씨는 최근 승진 시험을 준비 중인데, '쇼츠 하나만 더 보고 공부해야지' 했던 게 공부와 전혀 관련 없는 영상 시청에 반나절 이상을 허비했다고 한다. 막상 공부하려 해도 갑상샘 기능 저하 증상 때문인지 매사에 쉽게 피로해지고 의욕이 떨어진다며 진료 내내 불안한 기색을 감추지 못했다. 그러면서 화영 씨는 최근에 생긴 고민을 조심스레 털어놓았다.

"제가 외우는 건 정말 자신 있었어요. 그런데 요즘 기억력이 예전 같지 않아서, 전날 공부한 것도 자꾸 잊어버리더라고요. 혹시 갑상샘 호르몬 때문일까요?"

갑상샘 호르몬은 기억력과 인지 기능에 필수적인 신경전달물질인 도파민, 세로토닌serotonin, 노르에피네프린

norepinephrine의 생성과 기능에 영향을 미치기 때문에 갑상샘 호르몬 수치가 낮으면 신경전달물질의 균형이 흐트러져 기분 장애, 수면 장애, 인지 장애를 유발할 수 있다. 그래서 갑상샘 기능 저하증을 앓고 있으면 도파민 분비량이 줄어 불안함과 우울함을 느끼고, 실제로 기억력 문제로 이어졌을 가능성도 있다.

하지만 나는 화영 씨가 승진 시험을 앞둔 상황에서 반나절 이상을 휴대전화로 유튜브 쇼츠를 보는 데 소비했다는 이야기에 주목했다. 화영 씨의 경우 현재 약물치료로 충분히 효과를 보고 있었기 때문에 스마트폰 중독으로 인한 기억력 저하 가능성도 염두에 둔 것이다.

앞서 우리는 도파민이 동기를 부여함으로써 보상을 추구하는 물질이라는 것을 배웠다. 절제와 인내, 노력 끝에 얻어지는 결과로 성취감이나 만족감을 느낄 수 있는 것이 바로 도파민이 주는 행복이다.

하지만 숏폼이 주는 자극은 어떠한가? 손가락 한두 번만 움직이면 별다른 노력 없이 단시간에 잦은 빈도로 도파민 분비를 유도할 수 있다. 자극과 쾌락, 심지어는 보상마저 이렇게 쉽고 빠르게 얻다 보니 우리 뇌의 보상 시스템은 자제력을 잃고 숏폼에 더욱 집착하는 악순환이 일어난다. 그 결과 소소한 일상에 지루함을 느끼는 것은 물론, 화영 씨처럼 중요한 시험을 앞두고도 숏폼만 찾아보는 중독 행동을 보이는 것이다.

실제로 숏폼에 계속 노출되면 뇌 구조에 부정적인 변화가 생길 수 있다는 연구 결과도 있다. 2021년에 OECD가 발표한 보고서[4]에 따르면, 숏폼 같은 중독적인 영상은 뇌를 과도하게 자극해 좌우뇌 간의 불균형을 초래하고, ADHD 및 학습장애로 이어질 수 있다고 한다. 이러한 맥락에서 숏폼을 문해력 저하의 주된 요인으로도 보고 있다. 숏폼은 내용을 압축하거나 특정 장면을 잘라 보여 주기 때문에 종종 맥락이 부족하다. 원인과 결과의 과정을 유추할 필요가 없는 것이다. 그 결과 순식간에 스쳐 지나가는 정보들은 우리의 뇌를 멍한 스크린으로 만들 가능성이 크다.

특히 사고력과 주의 집중력 등을 관장하는 전두엽이 아직 다 발달하지 않은 아이들이 숏폼 콘텐츠에 중독되면 문제가 더욱 심각해진다. 전두엽 성장이 미숙해 뇌에서 도파민의 적절한 분비량을 조절하지 못하기 때문이다.

미국 CBS의 탐사 보도 프로그램 〈60분60 Minutes〉에서는 미국 국립보건원NIH이 지원하는 9~10세 어린이 4500명을 대상으로 한 장기 연구 프로젝트의 뇌 영상 분석 결과를 일부

공개했다. 이 연구 결과에 따르면, 스마트폰과 같은 디지털 기기에 장시간 노출된 어린이들의 대뇌 피질이 정상적인 수준보다 더 빨리 얇아지는 현상이 발견되었다. 전두엽이 포함된 대뇌 피질은 뇌의 주요 기능을 담당하는 부분으로, 주의력, 기억력, 감정 조절, 그리고 사회적 상호 작용 등 다양한 인지 기능을 관장하기 때문에 이와 관련된 여러 문제가 발생할 수 있다. 실제로 하루 2시간 넘게 화면을 들여다보는 어린이들은 사고 및 언어 능력 테스트에서 낮은 점수를 얻었다.

게다가 숏폼 콘텐츠에 중독된 아이들은 일상에서 흥미를 느끼지 못해 무기력해지고 우울함에 빠질 가능성이 클 뿐 아니라, 부모와 형제자매, 또래 친구들과 상호 작용을 하는 시간도 줄어들어 언어, 인지, 감정, 사회성 발달에도 문제를 겪는다. 자극에 민감한 아이들이 숏폼에 계속 노출되면 그 악영향은 더욱 커질 수밖에 없다는 의미다.

과도한 도파민 분비를 너무 어릴 때부터 경험하면, 나중에는 더 큰 자극을 추구하게 될 위험이 있으므로 아이들의 숏폼 콘텐츠 시청과 관련하여 가정과 학교 차원의 적극적인 관리와 지도가 필요하다.

이 외에도 도파민이 지나치면 여러 중독 증상, 쾌감 감소, 동기 결핍, 도파민 붕괴 등 부정적인 결과를 초래할 수 있다.[5] 경각심을 가지고 도파민의 균형 유지를 위해 애써야 하는 이유다.

<hr />

도파민이 지나치면 생기는 문제

중독

중독성 있는 활동이나 물질은 도파민 수치를 상승시킨다. 이것이 반복되면 될수록 신경 회로는 더 많은 것을 예측하고 갈망하기 시작한다.

쾌감 감소

행위를 반복할수록 추후 쾌감의 정도는 줄어든다. 그래서 좋아했던 행위라 해도 지속적으로 반복되면 지루하게 느껴진다.

도파민 붕괴

올라간 것은 반드시 내려오게 마련이고 도파민도 다르지 않다. 정점에 도달한 후에는 무언가를 시작하기 전보다 동기 부여가 줄면서 순차적인 붕괴가 뒤따른다. 이는 손실된 도파민을 보충하는 데 걸리는 시간만큼 지속된다.

동기 결핍

도파민 스파이크를 남용하면 기준치에 부정적인 영향을 미치고 도파민 기준선이 낮아진다. 그렇게 되면 단순한 작업에서도 전반적인 동기 부여, 집중력, 명료성이 떨어진다.

<hr />

중독에 취약한
사람들

강연 프로그램에서 스마트 기기와 도파민 중독과의 연관성을 설명하던 중 한 방청객이 내게 물었다.

"혹시 도파민 중독에 유독 취약한 사람도 있나요?"

아이들이 중독에 취약하다는 내용을 듣고 문득 성인 중에도 유독 중독에 더 취약한 사람이 있는지 궁금했던 모양이다. 중독에 취약한 사람이 정말 따로 있을까?

이미 여러 연구를 통해 밝혀졌듯 중독 증상은 나이, 성별, 교육 수준, 지능, 살아 온 배경 등의 영향을 받는다. 다만 중독 대상이나 징후, 그 증상이 워낙 다양하기 때문에 딱 맞아떨어지는 공통점을 찾기는 어렵다.

하지만 중독에 취약해지게 만드는 요인은 존재한다. 따라서 어떤 경우에, 어떤 사람들이 중독의 유혹에 더 쉽게 빠지는지, 중독을 일으키는 대표적인 요인을 살펴보자.

I. 환경

중독은 환경적인 요인에 많은 영향을 받는다. 개인이 처한 환경은 행동과 선택에 큰 영향을 미치며 스트레스, 외부 압력, 정서적인 어려움, 사회적 단절 등의 요소는 도파민 중독을 유발하는 주요 원인으로 작용할 수 있다. 이러한 환경적 요인들은 도파민 분비를 촉진하여 쾌감을 얻기 위한 중독 행동을 강화하는 데 기여한다.

실제로 알코올이나 약물 중독자인 부모 아래에서 성장한 아이는 무언가에 중독될 가능성이 더 크다. 자녀는 부모의 습관을 모방하기 때문에 중독의 위험성이 높은 환경에서 자라면 그 영향을 자연스럽게 받게 된다는 것이다.[6]

지나치게 가난한 환경이나, 지나치게 부유한 환경 역시 중독에 빠질 가능성을 높이는 요인이다. 아주 가난한 환경에서는 생계를 유지하기 위해 힘든 노동에 시달릴 가능성이 크고 자신의 건강을 돌볼 여유가 없는 경우가 많다. 이렇게 육체적, 정신적으로 피로하고 스트레스를 많이 받게 되면 심리적으로 불안정해질 수 있다.

반대로 지나치게 부유한 환경도 조심해야 한다. 통계적으로, 부유한 사람들은 평범한 즐거움에 쉽게 만족하지 못하는 경향이 있다. 이들은 물질적 풍요 속에서 자극을 찾으려

하고, 그 결과 술, 섹스, 마약 등의 중독에 노출될 가능성이 커진다. 이러한 결과는 지나친 가난과 부유함이라는 경제적 상황이 개인의 정신적, 신체적 건강에 미치는 영향을 잘 보여 준다.[7]

또한 현재의 상황도 중요하다. 친구나 가족처럼 가까운 사람 중에 중독자가 있다거나 중독자가 많은 커뮤니티에 속해 있는 경우에도 중독 확률이 높아진다. 인간은 사회적 동물이기에 주변 사람들의 행동에 영향을 많이 받는다. 그래서 중독이 만연한 사회적 환경에서는 중독적 행동이 정당화되거나 정상화될 수 있고 개인은 중독에 대한 경각심을 잃고, 중독 행위를 더 쉽게 받아들이게 될 수도 있다.

결국, 중독 예방을 위해서는 개인의 환경을 이해하고, 긍정적인 사회적 지원 체계를 구축하는 것이 중요하다.

2. 유전적 요인

연구에 따르면, 도파민 수용체의 유전적 변이를 가진 사람들은 그렇지 않은 사람들보다 중독에 더 민감할 수 있다. 일부 사람들은 유전적으로 도파민 수용체를 더 많이 보유하거나, 도파민의 작용을 더욱 강하게 느끼는 경향이 있다는 것이다. 예를 들어, DRD2라는 유전자는 도파민 수용체의 기능에 관여하며, 이 유전자에 변이가 있는 경우 도파민의 효과를 더 강하게 경험할 수 있다. 이러한 유전적 요인은 개인의 뇌에서 일어나는 화학적 변화와 행동에 깊이 관여하며, 중독의 위험을 증가시킬 수 있다.[8]

또한, 유전적 요인은 환경적 요인과 상호 작용하여 중독의 가능성을 더욱 증가시킨다. 도파민 수용체에 대한 민감성이 높은 사람은 스트레스가 많은 환경에서 더욱 중독적인 행동을 취할 가능성이 크다. 이는 유전적 요인이 단독으로 작용하는 것이 아니라 개인의 삶의 경험과 결합하여 중독의 위험을 결정하는 복합적인 요소임을 의미한다.

3. 정신 질환

양극성 장애나 우울증과 같은 정신 질환을 앓고 있는 사람들은 혼란과 괴로움을 잊으려고 종종 알코올이나 약물에 의존하곤 한다. 정신 질환으로 인해 뇌의 도파민 시스템의 균형이 약해지면 알코올이나 약물에 반응하는 방식도 달라진다. 이들의 뇌는 도파민 수용체가 손상되어 알코올이나 약물의 효과를 더 강하게 느끼게 되고, 내성이 생기기 쉽다. 즉, 처음에는 적은 양으로도 효과를 볼 수 있지만, 시간이 지남에 따라 같은 효과를 얻기 위해서는 더 많은 양이 필요하게 되는 것이다.

알코올이나 약물에 대한 의존이 깊어지면서 우울증이나 불안감이 증가하고, 이는 다시 의욕 저하와 사회적 고립으로 이어진다. 중독과 정신 질환은 서로를 악화시키는 악순환으로 이어질 가능성이 크다.

4. 건강한 보상 경험의 부족

뇌의 보상 시스템은 건강한 보상 경험이 쌓일수록 제대로 발달하게 된다. 이러한 보상 경험은 일상생활의 다양한 순간에서 찾아볼 수 있다. 예를 들어, 열심히 일한 후 듣는 칭찬은 자신감을 높이고, 힘든 일을 마치고 먹는 따뜻한 저녁은 피로를 풀어 주며, 오랜만에 만난 친구와의 즐거운 대화는 인간관계를 강화하는 데 기여한다. 또한, 직장에서의 승진이나 사업에서의 성공은 성취감을 느끼게 해 도파민 회로를 건강하게 활성화한다.

만약 보상 경험이 결여되면 자신감이 떨어지면서 부정적인 시각을 갖게 될 수 있다. 작은 일에 행복을 느끼지 못하게 되거나, 도전보다는 회피하는 경향을 보이기도 한다. 이러한 행동은 결국 개인의 성장과 발전을 가로막고 심리적 불안정성을 초래할 수 있다.

도파민 밸런스

5. 부정적 성격

힘든 일이 발생했을 때 이를 받아들이는 관점이 행동 패턴에 큰 영향을 미친다. 항상 부정적으로 받아들이는 성향의 사람들은 알코올이나 약물 중독에 더 취약한 경우가 많다. 실제로 한 실험에서는 부정적인 성향을 보인 사람들 가운데 암페타민amphetamine(중추신경 흥분제로 도파민 분비를 촉진하는 물질)에 민감한 이들이 술을 자주 마시고 폭음하는 빈도가 높은 것으로 나타났다.[9] 즉, 슬픔, 분노, 스트레스가 많은 사람은 이러한 감정을 회피하려고 술을 자주 찾게 되고, 나중에는 음주가 습관이 되면서 중독에 빠질 위험이 크다는 의미다.

문제가 생길 때마다 술을 마시면 일시적으로 스트레스가 해소되는 것처럼 느껴지지만 음주는 또 음주를 부르고, 갈수록 더 강한 자극을 추구하게 만드는 연쇄적 문제로 이어진다. 결과적으로 중독을 심화시키고 심리적 문제를 악화시킨다.

흔히 중독이라고 하면, 도박 중독이나 마약 중독과 같은 극단적인 사례를 떠올리곤 한다. 그러나 중독은 우리의 일상에서도 빈번히 발생할 수 있는 문제이며, 나 자신이나 주변 사람들에게 유사한 중독 증상이 숨어 있을 수도 있다. 이를 인식하고 이해하는 것이 무엇보다 중요하다.

이제 우리가 일상에서 마주할 수 있는 다양한 중독 사례를 통해 중독을 유발하는 요인과 작용 패턴, 그로 인한 문제의 심각성을 들여다볼 차례다.

설탕 중독(음식 중독) 사례

"점심시간이면 꼭 카페에서 휘핑크림 잔뜩 얹은 프렌치토스트나 망고 생크림 케이크 같은 달콤한 디저트를 먹어야만 오후에 일할 기운이 나요. 달콤한 디저트를 도저히 포기할 수 없는데, 조금만 먹으면 안 될까요? 남들은 먹고 싶은 거 다 먹고 사는데…… 저만 안 되는 게 많은 것 같아요."

당뇨병 환자인 30대 중반의 직장인 지연 씨가 고민을 털어놓았다. 과연 매일 달콤한 디저트를 먹으면서 당뇨 증상이 좋아지길 기대할 수 있을까?

달콤한 디저트를 제한하는 것은 당뇨병 관리 차원이지만, 지연 씨는 남들은 다 되는데 자신만 먹지 못하는 상황에 초점을 맞추고 있는 듯했다. 그래서인지 이야기할 때마다 습관처럼 "저는 안 되죠" "왜 저만 안 될까요?" 같은 남과 비교하는 부정적인 말을 덧붙였다.

부정적인 언어를 사용하는 것은 낮은 자존감에서 비롯되었을 수도 있고, 부정적인 생각을 할 수밖에 없는 환경에서 오랜 기간 형성되어 온 결과일 수도 있다. 또한, 직장 생활과 당뇨 관리라는 이중의 스트레스에서 나오는 표현일 수도 있다.

분명한 것은 이러한 부정적인 감정은 지연 씨로 하여금 달콤한 디저트를 계속 찾게 만드는 요인이 된다는 점이다. 스트레스를 받을 때 달콤한 디저트를 먹으면 나도 '남들처럼' 먹을 수 있다는 생각에 도파민이 분비되는 쾌감을 느꼈을 것이다. 오전의 바쁜 일과에 지친 그녀에게 프렌치토스트는 보상의 대상이었고, 반복될수록 달콤한 디저트에 대한 갈망이 더욱 커졌을 것이다. 단 음식이 당뇨병 고위험군으로 가는 시한폭탄이라는 사실을 뻔히 알면서도 말이다.

꼭 한 가지 요인이 아니더라도, 환경, 부정적 성격 등 여러 요인이 합쳐져서 중독을 일으키기 쉬운 상태를 만들기도 한다. 최근 들어 다양한 요인을 이유로 음식을 절제하지 못하는 사람들이 늘면서, 의학계에서는 특정 음식을 반복적으로 과다 섭취하는 '음식 중독'에 주목하고 있다. 비만, 고혈압 등 현대 사회에서 큰 문제로 여겨지는 질병들이 이러한 식습관과 밀접한 연관이 있기 때문이다.

그동안 음식 중독과 관련하여 자주 언급되는 것이 설탕과 지방, 그리고 탄수화물이다. 설탕이 많이 들어간 음식을 섭취하면 뇌에서 도파민이 반복적으로 분비돼 보상 시스템이 작동된다. 절제 없이 도파민을 계속 분비하게 할 경우 중독으로 이어지는 사례를 앞에서 여러 차례 소개했다. 그런데 여기서 중독을 결정짓는 중요한 요소가 한 가지 더 있다. 바로 '흡입한 물질이 뇌에 도달하는 속도'다. 빠를수록 중독의 위험은 커진다. 그래서 설탕 중독이 매우 위험하다.

대표적인 중독 물질인 담배와 비교해 보자. 담배 속 니코틴이 뇌까지 도달하는 데 시간이 얼마나 걸릴까? 약 10초 정도 소요된다. 그런데 혀에 들어온 설탕이 뇌를 활성화하는 데 걸리는 시간은 단 0.6초. 담배의 니코틴보다 무려 20여 배나 빠르게 전달되는 것이다. 여기에 지방 성분까지 더해지면 설탕과 지방이 각각 뇌를 자극해 보상 횟수를 늘리고 뇌의 흥분 상태를 높인다. 마치 담배와 술이라는 환상의 조합처럼 말이다.

설탕과 지방이 도파민에 미치는 영향은 연구를 통해서도 밝혀졌다. 버지니아 공과대학교 건강행동연구센터 연구팀의 연구에 따르면, 고지방 및 고당분 음식을 자주 섭취하는 참가자들의 뇌에서는 도파민이 훨씬 더 많이 분비되었으

도파민 밸런스

며, 이에 따라 해당 뇌 영역이 더 활발하게 작용하는 것으로 나타났다. 또한 고당분 음식은 기억력과 학습 능력을 저하시킬 수 있으며, 고지방 음식은 염증 반응을 증가시켜 뇌 건강에 부정적인 영향을 미칠 수 있다고 한다. 이러한 연구 결과는 우리가 일상적으로 섭취하는 음식이 뇌의 화학적 균형에 얼마나 치명적인지를 보여 준다.[10]

혹시 이 노래를 들어 본 적 있는가? "탕! 탕! 후루후루~ 탕! 탕! 탕! 후루루루루." MZ세대들 사이에서 중국의 과일 사탕으로 알려진 탕후루 열풍이 불면서 만들어진 〈마라탕후루〉라는 노래다. 당을 조금이라도 줄여 보고자 하는 새로운 소비자 트렌드를 따라 제로 아이스크림, 제로 음료수 등 당 제로를 내세우는 식품들도 등장하고 있지만, 한바탕 탕후루 열풍이 지나간 후에도 여전히 두바이 초콜릿과 같은 고당분 식품들의 유행은 쉽게 사그라지지 않고 있다.

탕후루는 단순히 달기만 해서 문제가 됐던 것이 아니다. 이는 식재료를 가공한 후 향료, 색소, 인공 감미료 등을 첨가한 초가공 식품으로, 중독성이 강하다는 연구 결과가 있다.[11] 탕후루 외에도 아이스크림, 초콜릿, 감자튀김, 냉동 피자 등 초가공 식품을 과다 섭취하면 심혈관 질환, 암, 우울증, 불안, 수면 문제 등의 위험이 증가한다는 사실도 연구를 통해 밝혀

졌다.[12]

실제로, 설탕, 지방, 탄수화물을 과도하게 섭취하면 영양소의 불균형을 유발하고, 비만이나 당뇨병, 고지혈증, 만성 피로, 지방간 등의 위험이 커진다. 특히나 탄수화물을 섭취하면 포도당이 뇌에 에너지를 공급해 뇌 안에서 도파민 분비가 활발해진다. 그래서 빵이나 과자, 초콜릿, 라면 등 당질이 많이 함유된 식품을 먹으면 지연 씨처럼 억제하기 힘든 중독 현상을 보이는 것이다.

쇼핑 중독 사례

최근 음식 중독 못지않게 문제가 되는 것이 바로 '쇼핑 중독'이다. 음식 중독이 먹는 것을 조절하거나 절제하지 못하는 것이라면, 쇼핑 중독은 지금 꼭 필요하지 않은 물건을 충동적으로 구매하는 것을 의미한다. 오늘날 다양한 상품이 넘쳐나고 소비가 그 어느 때보다 쉬워진 풍요의 시대에 살고 있는 만큼, 누구나 쇼핑 중독의 위험에 노출되어 있다고 해도 과언이 아니다.

"일단 지름신이 오는 날이 있어요. 그럼 자꾸 뭘 사야만 하는 이유가 생기는 거예요. 폭탄 세일 기간이니까 미리 사

도파민 밸런스

뒤야 할 것 같고, 왠지 저 물건을 놓치면 후회할 것만 같고……. 이제 카드 할부금이 너무 쌓여서 월급으로는 감당이 안 될 정도예요. 그런데 저, 예전에는 정말 이러지 않았거든요?"

부신피질 자극 호르몬ACTH 문제로 나를 찾아온 40대 초반의 주리 씨는 자신이 심각한 쇼핑 중독에 빠진 것 같다며 혹시 이 문제가 동네 병원에서 처방받은 약물과 관련 있는지를 조심스레 물어 왔다. 쿠싱증후군을 진단받은 이후 쇼핑 중독 증상이 발현됐다는 것이다. 그래서 나는 주리 씨가 언제부터 쇼핑 중독에 빠졌고, 어떨 때 충동구매의 습관을 보이는지 체크해 보았다.

"한번은 정말 참기 힘들 정도로 스트레스받은 적이 있어요. 수업 태도에 문제가 있는 학생을 혼냈는데, 그 학생 부모님이 오해하면서 일이 커진 거예요. 결국 오해는 풀었지만, 화가 나더라고요. 그래서 그날 퇴근길에 평소에 사고 싶었지만 비싸서 포기했던 옷을 충동구매했어요. 그랬더니 스트레스가 거짓말처럼 싹 풀리면서 기분이 좋아지는 거예요!"

더 자세히 이야기를 들어 보니, 어릴 적 자신에게 무관심했던 부모님 밑에서 성장한 주리 씨는 초등학교 교사가 될 때까지 건강한 보상을 경험한 적이 거의 없었던 모양이었다. 게다가 학생들에게 진심으로 다가가도 그 마음을 알아주는 사람이 없었다고 했다. 날이 갈수록 자신감도 떨어지고 사명감도 잃게 되면서, 감당하기 힘든 일이 생기거나 스트레스받을 때면 주로 옷이나 액세서리 등을 충동구매 하는 패턴을 보였다.

그즈음 쿠싱증후군 진단까지 받으면서 깊어진 우울감을 이겨 내기 위해 쇼핑 중독의 길로 빠지게 된 듯했다. 급기야는 학교에서 틈틈이 시간이 날 때마다 스마트폰에 깔린 쇼핑 앱을 열어 할인 상품을 사는 지경에 이르렀다. 주리 씨에게 쇼핑은 스트레스에서 벗어나는 회피 수단인 동시에 기쁨을 주는 보상 수단인 셈이었다.

물건을 살 생각만으로도 그 기대감에 뇌에서는 도파민이 분비된다. 쇼핑에 대한 갈망을 통해 동기 부여를 받은 주리 씨는 오프라인 매장이나 온라인 쇼핑몰에서 살 물건을 고르는 동안 더 많은 도파민이 분비되는 쾌감을 느꼈으리라. 최종적으로 구매를 결정하는 순간, 도파민 수치는 또 한 번 급상승한다. 이때가 바로 보람과 성취감, 만족감이 절정에

도파민 밸런스

달하는 순간이다. 그러고는 또다시 무리해서라도 쇼핑하게 되는 악순환이 이어진다.

주리 씨는 이제 쇼핑하지 않는 동안 불안감과 우울감, 무기력감을 느낀다고 했다. 쇼핑 중독이 위험한 이유는 중독 행위가 충동구매와 과소비의 연속이기 때문에 먹고 사는 데에 직접적인 영향을 미친다는 점이다. 쇼핑 중독을 멈추지 못하면 삶과 통장 잔고 모두 피폐해질 수밖에 없다. 쇼핑이 아닌 건강한 보상 방법을 찾아야만 이 악순환에서 벗어날 수 있다.

도박 중독 사례

'중독'이라고 하면 가장 먼저 떠오르는 것 중 하나가 바로 '도박'이다. 현재 불법 도박 시장 규모는 100조 원을 돌파했다고 한다.

경마장, 카지노, 하우스 같은 장소를 방문해야만 도박을 할 수 있었던 과거와 달리 지금은 스마트폰으로 누구나, 언제 어디서든 24시간 불법 도박장에 접근할 수 있다. 과거 4050세대를 넘어 도박 중독 문제는 청년층, 심지어 10대도 위협하고 있다. 통계를 살펴보면, 최근 5년간 도박 중독으로 치료받은 20대가 2배 이상 급증했고, 2021년 이후에는 도박 범죄로 검

거된 10대 청소년 수 또한 가파르게 증가하고 있다.[13]

게다가 온라인 불법 도박은 한 판이 몇 분 만에 끝나는 경우가 많고, 베팅 액수에 제한이 없어 과거에는 도박 중독에 빠지기까지 10여 년이 걸렸다면, 이제는 1~2년 만에 심각한 상태에 이를 수 있다.

영화 〈타짜〉의 내용을 떠올려 보자. 한 교수가 딸 수술비까지 모두 도박으로 날리자, 이를 가엾게 여긴 주인공이 돈을 주는 장면이 나온다. 상식적으로 생각하면 그 교수는 주인공에게 받은 돈을 당연히 딸의 수술비로 썼어야 했다. 그런데 교수의 발걸음은 안타깝게도 도박장으로 향한다. 딸을 치료할 수 있는 마지막 기회까지 도박으로 깡그리 날려 버린 것이다. 이 교수의 선택을 이해할 수 있는가?

만약에 교수가 모두가 이해할 만한 선택을 했다면, 우리는 그를 두고 '도박 중독자'라 칭하지 않을 것이다. 그만큼 도박에 빠지면 답도 없다.

인간의 뇌는 애초에 예측 가능한 일보다 예측 불가능한 일에 더 기대감을 품도록 설계되어 있다. 만일 내가 전혀 예상하지 못한 순간 서프라이즈 이벤트를 받거나, 의외의 선물을 받았다고 생각해 보자. 그 순간 도파민이 폭발하는 듯한 짜릿함과 행복을 경험하게 된다. 설사 그 결과가 나의 예

도파민 밸런스

상에서 보기 좋게 빗나가더라도, 긍정적인 미래가 그려질 때 우리의 뇌에서는 도파민이 과잉 반응을 보인다. 이러한 현상을 과학자들은 '보상 예측 오류reward prediction error'라고 한다. 결국 내가 돈을 언제 딸지, 얼마나 잃게 될지는 알 수 없지만 끊임없이 예측 불가능한 미래를 설계하고 기대할 때 도파민이 폭발적으로 반응한다는 뜻이다. 이게 바로 도박 중독의 원리다.

실제로 도박 중독자들이 느끼는 행복감은 마약 중독자와 유사하다고 한다. 일상에서 경험하는 즐거움의 도파민 지수가 100이라 하면, 도박은 그 수치가 1000에 이를 정도로 강렬하다. 한 번이라도 1000의 즐거움을 맛본 사람은 100의 자극에 흥미를 느끼지 못하게 된다. 내성이 생기면서 중독이 심해지면 도박으로 1000의 즐거움을 경험하기 위해 베팅 액수를 늘리는 등 더 과하고 자극적인 방법을 찾게 된다. 보상의 기준이 점점 높아지는 것이다.

돈을 많이 잃었다고 포기하는 게 아니라, 잃은 금액을 되찾기 위해 다시 도박을 하게 될 가능성이 크다. 경제 심리학에서 주로 쓰이는 '매몰 비용 효과'라는 용어가 있다. 잘못되었다는 것을 알면서도 지금까지 투자한 시간과 비용이 아까워서 합리적인 결정을 내리지 못하는 현상을 말한다.

사람은 보통 손실을 경험하면 이를 만회하고자 하는 충동을 느끼게 되는데, 안타깝게도 도박장에 다시 뛰어든 사람 대부분은 오히려 더 큰 손실을 보는 경우가 많다. 이는 주가가 하락할 때 평균 매입 단가를 낮추기 위해 더 많은 주식을 사는, 이른바 물타기 전략을 펼치는 사람들의 심리와 유사하다. 주가가 다시 오를 것이라 기대하며 추가로 투자하지만, 주가가 계속 내려가면 결국 더 큰 손실을 보게 된다.

주식 중독 사례

주식 투자도 도박처럼 돈을 벌거나 잃는 과정이 순식간에 발생한다. 또한, 투자를 통해 수익이라는 눈에 보이는 보상을 얻는 과정에서 중독이 시작된다는 점도 도박과 유사하다.

다른 점은, 도박과 달리 주식 투자 그 자체로는 위법 행위가 아니다. 합법적이다 보니 더 많은 사람이 쉽게 접근할 수 있다는 점에서 오히려 위험에 더 노출되어 있다고도 할 수 있다. 코로나 19를 기점으로 우리나라에서도 투자 열풍이 불었다. 실제로 내 주변에도 주식과 코인 투자에 참여한 사람들이 있었고, 그 결과는 각기 다르지만, 일부는 중독 증상으로 어려움을 겪고 있다.

한 강연 프로그램의 담당 PD로 오랫동안 인연을 맺어

도파민 밸런스

온 40대 중반의 현수 씨는 심각한 주식 중독을 겪었다. 주식에 한창 빠졌을 때는 주식 앱 화면을 보고 있지 않으면 불안할 정도였다. 오전에는 국내 주식을, 늦은 밤에는 미국 주식을 했고 추가로 비트코인 투자까지 하면서 온종일 스마트폰을 붙들고 살았다.

> "정말 눈을 감아도 주식 창이 보이고, 1분에 한 번씩 주식이나 코인 투자 앱에 접속하지 않으면 불안해서 살 수가 없는 거예요. 이렇게 6개월을 보내니까, 살아도 사는 것 같지 않더라고요."

처음에는 주식으로 억대 이상의 수익을 올렸다고 한다. 수익이 생기자마자 현수 씨는 직장을 과감히 그만뒀다. 이러한 판단을 내리는 데는 그가 속해 있는 주식 커뮤니티 사람들이 한몫했다. 그 안에서 주식 시장의 정보를 얻고, 다른 사람들의 성공 사례를 보면서 현수 씨는 자신도 비슷한 결과를 얻고 싶다는 갈망이 생긴 것이다.

하지만 상황은 한 달 만에 반전됐다. 수익은 모두 마이너스로 돌아섰고, 현수 씨는 주식 커뮤니티 사람들의 조언대로 급기야 선물 옵션과 급등주 등 고위험 투자에 손을 대기 시작했다. 그 결과, 10년간 적금으로 모았던 돈까지 모두 날리고 빚까지 졌다. 일확천금의 꿈은 산산이 깨졌고, 현재는 본업으로 돌아가 성실하게 빚을 갚으며 지낸다.

"그때 제가 제정신이 아니었던 것 같아요. 한 번도 본 적 없는 온라인 주식 커뮤니티 사람들이 하는 말을 왜 그렇게 믿었는지 모르겠어요. 주변에서 '주식 해라' '투자해야 산다' 이런 분위기가 조성되면서 더 그랬던 것 같아요. 이제라도 정신을 차렸으니 불행 중 다행이죠."

물론 현수 씨처럼 스스로 투자 중독을 극복한 사례도 있지만, 주변에는 여전히 투자 실패를 받아들이지 못해 주식 중독의 늪에서 헤어 나오지 못하는 이들이 많다.

과거에는 마약, 도박, 알코올 등의 중독 문제가 특정인에게만 해당하는 문제로 여겨졌지만, 정보가 넘쳐나는 사회에서 스마트폰을 통한 SNS 사용, 쇼핑, 게임, 주식 등 우리가 일상적으로 접하는 다양한 자극들은 뇌에서 끊임없이 도파민을 분비하게 만든다. 그만큼 누구나 도파민 중독에 빠질수 있는 환경이라는 뜻이다.

이처럼 다양한 요인에 의해 도파민이 과도하거나 부족

할 경우 신체적, 정신적으로 여러 증상이 나타날 수 있다. 도파민의 균형을 되찾아 뇌의 건강한 보상 시스템을 되돌리려면 어떻게 해야 할까?

무엇보다 일상에서 자극을 줄이고 건강한 보상 방법을 찾는 것이 중요하다. 다음 2부에서 우리의 일상을 위협하는 도파민 중독에서 벗어나 균형을 찾는 방법, 즉 '도파민 디톡스'에 대해 자세히 알아보자.

도파민 중독의 증상

1. 불안과 떨림 불안감이 증가하고, 손발이 떨리는 증상이 생길 수 있다.
2. 불면증 수면 패턴에 영향을 줘서 잠들기 어렵거나 자주 깨는 등 수면 문제를 초래할 수 있다.
3. 강렬한 갈망 특정 활동이나 물질에 대한 강한 갈망을 유발하며, 이를 반복적으로 찾게 만든다.
4. 충동적 행동 충동적인 행동을 유발한다.
5. 강박적 행동 도파민 방출을 유도하는 활동이나 물질을 찾는 반복적인 행동 패턴이 나타날 수 있다.
6. 불안정한 감정 높은 불안감 형성은 물론 심한 감정 기복을 유발할 수 있다.

2부

도파민 디톡스 여정 3단계

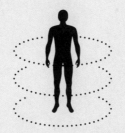

DOPAMINE·BALANCE

4장

중독된 뇌를
되돌릴 준비

도파민 단식(금식), 도파민 다이어트, 도파민 디톡스detox 챌린지 등 도파민 디톡스와 관련된 다양한 내용들이 SNS와 온라인 곳곳에 가득하다. 정신과 의사인 카메론 세파Cameron Sepah가 도파민 단식이라는 개념으로 처음 소개한 '도파민 디톡스' 개념은 일정 기간 SNS, 게임, TV 시청, 쇼핑 등 도파민 분비를 과도하게 유발하는 행위를 줄여 특정 자극에 대한 의존성을 없애는 것을 목표로 한다.

한번은 유튜브에 올라온 내 강연을 들었다는 환자가 정말 궁금하다는 듯이 내게 물었다.

"도파민은 호르몬인데 어떻게 디톡스할 수 있는 거예요? 다이어트할 때 레몬 디톡스 같은 건 들어 봤어도……."

실제로 디톡스는 체내의 독소를 제거하고 건강을 증진하기 위한 과정으로, 주로 다이어트에서 활용되는 개념이다. 보통 식이요법, 클렌즈 주스(해독 주스), 금식 등을 통해 이루어지며 몸의 자연적인 해독 과정을 돕는 것을 목적으로 한다.

그러나 도파민은 우리 몸에 꼭 필요한 신경전달물질이자 호르몬이기에 우리 몸에서 완전히 해독해서도 안 되고, 하는 것도 불가능하다. 도파민이 없다면 운동 장애, 인지 장애를 비롯한 여러 가지 문제가 발생할 수 있다.

'도파민 중독'과 마찬가지로 '도파민 디톡스'라는 용어도 의학적인 관점에서 볼 때는 잘못된 표현이다. 하지만 이미 수많은 미디어에서 사용하며 대중에게 익숙한 표현이기도 한 만큼, 이 책에서는 독자들의 이해를 돕기 위해 '도파민 디톡스'라는 용어를 그대로 사용했음을 미리 밝힌다.

우리가 함께할 도파민 디톡스는 단순히 도파민을 유발

하는 자극을 끊거나 줄이는 게 목표가 아니다. 도파민 중독으로 불안정해진 뇌 속 도파민 수용체의 균형을 되찾아가는 여정이다. 그렇다면 어떻게 해야 중독된 뇌를 건강하게 되돌릴 수 있을까? 지금부터 도파민 시스템을 최적화하는 방법에 대해 자세히 알아보자.

균형을 회복할 시간

"노력을 기울이기 전이나 후가 아니라 노력하는 과정 자체에서 도파민을 급증시키는 법을 배워야 한다."

— 신경과학자 앤드루 휴버먼

스탠퍼드대학교 의대 신경과학자 앤드루 휴버먼Andrew Huberman이 자신의 공식 팟캐스트에서 도파민의 동기 부여와 집중력에 대해 강의할 때 한 이 말[1]은 결국 우리가 즉각적인 보상에 의존하는 대신, 지속적으로 노력하는 과정에서 도파민이 분비될 수 있도록 뇌를 '재프로그래밍'해야 한다는 의미다. 이를 위해서는 먼저 뇌의 중독 메커니즘이 도파민의 보상 회로에 어떻게 작용하는지 알아야 한다.

스마트폰 사용, 게임, 그리고 달고 짠 음식을 먹는 행동 등에 중독되면 반복적이고 과도한 자극이 도파민 수용체에 변화를 일으킨다. 크게는 두 가지 변화를 관찰할 수 있다.

먼저 도파민 수용체의 민감도가 낮아진다. 이는 수용체가 도파민에 반응하는 능력이 줄어드는 것으로, 같은 양의 도파민이 분비되더라도 도파민 수용체의 민감도가 둔감해져 예전처럼 반응하지 않게 되는 상태를 의미한다. 나중에는 민감도가 소실되기까지 한다.

다음으로 수용체의 총 개수가 줄어든다. 이 현상은 신경세포가 도파민 수용체를 줄이는 것으로, 과도한 도파민 분비에 적응하기 위한 뇌의 방어 기제의 일환이다. 동일한 도파민이 분비되더라도 이를 인식할 수 있는 수용체 수가 적기 때문에 전반적으로 도파민의 효과가 감소하는 것이다. 처음에는 소셜 미디어 알림 하나에도 큰 기쁨을 느끼지만, 시간이 지나면 같은 자극으로는 만족을 느끼기 어려운 이유다.

결국, 두 경우 모두 도파민 시스템 작동을 약하게 만들며 더 강한 자극을 원하는 구조로 변화시킨다. 이러한 수용체의 변화는 우리의 중독 행위를 더욱 악화시켜 정상적인 기쁨을 느끼기 어렵게 한다.

특정 호르몬이 과다하게 분비될 때 그 호르몬의 수용체

수와 활성도가 감소하는 것은 신체가 과도한 자극에 적응하기 위한 메커니즘으로, 호르몬 작용의 효과를 줄이는 방식이다.

반대로, 호르몬이 부족해지면 이를 보완하기 위해 수용체 수와 활성도가 증가한다. 신체가 더 많은 수용체를 만들어 호르몬의 효과를 극대화하려고 노력한다. 이러한 과정은 신체가 안정적인 상태를 유지하는 데 중요한 역할을 한다.

도파민 디톡스를 할 때 가장 중요한 점은 바로 이 '도파민 수용체의 균형'이다. 균형을 회복하기 위해서는 중독 원인이 되는 자극으로부터 물리적으로 분리하는 것이 핵심이다. 예를 들어 스마트폰 사용, SNS와 게임, 폭식 등 도파민을 과도하게 유발하는 활동을 일정 기간 중단하는 것이다.

그러면 도파민 수용체의 민감도는 상처가 아물 듯 서서히 회복되고, 수용체 수 역시 다시 늘어나게 된다. 즉, 도파민 디톡스의 과정은 도파민 수용체가 회복될 기회를 제공하는 것이다.

어떠한 중독도
회복 가능하다는 믿음

실제로 약물 중독자가 약물을 중단했을 때 도파민 수용체의 활동이 서서히 회복되는 모습을 양전자 방출 단층촬영 사진 이미지[2]를 통해 확인할 수 있다.

앞서 설명했듯이, 뇌 촬영 사진에서 파란색 부분이 넓을 수록 도파민 수용체의 양과 밀도가 더 높다는 의미다. 약물 중단 1개월 차와 비교했을 때, 12개월 후의 사진에서 더 많은 수용체가 회복된 것을 확인할 수 있다.

마약과 같은 극단적인 중독도 노력만 한다면 충분히 회

───── 약물 중독자가 약물을 중단했을 때 뇌의 변화 ─────

일반인   메스암페타민(필로폰) 환자

중단 1개월   중단 12개월

도파민 밸런스

복 가능하다. 이 같은 사실은 우리에게 매우 희망적이다. 과도한 스마트폰 사용, 무분별한 쇼핑, 폭식 등 일상에서 겪는 중독 행동 역시 얼마든지 개선할 수 있다는 의미니까.

다만 도파민 수용체가 회복하는 데 걸리는 시간은 중독 물질과 개인에 따라 차이가 있다. 이것은 약물 중독뿐만 아니라 일상에서 겪고 있는 모든 중독 행동 문제에 해당된다. 그래서 전문가들 대부분 "중독 문제를 해결하는 데에 걸리는 시간을 명확히 말하기는 힘들다"고 한다. 개인의 신체적, 정신적 요소와 생활 습관 등 너무나 다양한 요인이 뇌에 영향을 미치기 때문이다.

통상적으로 도파민 수용체의 회복 기간은 최소 2주에서 13주(약 90일) 정도로 보고된다. 이에 따라 도파민 디톡스 기간 역시 단기(2주), 중기(1개월), 장기(3개월 이상) 코스로 개개인의 중독 정도와 생활 방식 등에 맞춰 설정하는 것이 바람직하다.[3] 처음부터 장기 코스에 도전하기보다는 자신의 상황에 맞게 점진적으로 기간을 늘려 가는 것을 권장한다.

도파민 디톡스
기간 설정 TIP

1. 중독 정도 인식 먼저 자신이 어느 정도 중독 상태인지 스스로 점검한다. 예를 들어, 스마트폰 사용 시간, 소셜 미디어 사용 빈도, 게임 시간 등을 기록해 보는 것이다. 그냥 흘러갔을 땐 체감되지 않던 시간을 숫자로 써서 마주한다는 것만으로도 문제가 인식되는 효과가 있다. 중독 행위에 쏟는 시간이 평소 생활하는 활동 시간의 30퍼센트 이상이거나 특정 행위를 하는 빈도가 한 시간에 8회 이상이라면 문제가 있다고 파악하고 꾸준히 기록을 모니터링 해 보자.

2. 단계별 접근 처음부터 긴 기간을 설정하기보다는, 짧은 기간부터 시작해 점차 늘려 가는 것이 좋다. 예를 들어, 첫 주는 3일 동안 디톡스를 시도하고, 점차 1주, 2주로 기간을 늘려 간다.

3. 평가와 조정 디톡스 기간이 끝난 후 자신의 상태를 평가하고 필요에 따라 기간을 조정한다. 예를 들어, 2주 동안 디톡스를 시도한 후, 효과가 있었다면 1주 더 연장하거나, 필요에 따라 목표를 수정한다.

도파민 디톡스는 꾸준한 실천과 자기 평가가 중요하다. 자신의 상태와 목표에 맞게 기간을 설정하고 지속적으로 실천하면 도파민 수용체 회복에 큰 도움이 될 것이다.

호르몬의 노예에서
주인으로

"광기란 같은 일을 반복하면서도 다른 결과를 기대하는 것이다."

— 알베르트 아인슈타인

이 말은 같은 행동을 계속하면서 다른 결과를 기대하는 것은 비합리적이라는 의미로, 새로운 방법이나 전략을 시도하지 않으면, 결국 같은 결과만 반복할 것이라는 경고를 담고 있다. 어쩌면 지금 우리에게 꼭 필요한 조언이 아닐까. 지금의 삶이 바뀌길 원한다면, 도파민 디톡스라는 새로운 도전을 시작할 때다.

도파민 디톡스의 여정은 총 3단계로 구성되어 있다. 1단계 '중독 행위 인지하기'에서는 내가 무엇에 중독되어 있는지 스스로 문제점을 돌아보며 중독 행동을 체크한다. 아래와 같은 질문들을 바탕으로 중독 상태를 파악하고, 이를 극복하기 위한 목표를 함께 설정할 것이다.

＊ 나는 어떤 활동 또는 물질에 중독되어 있는가?

＊ 이 중독이 내 삶에 어떠한 영향을 미치는가?

＊ 중독을 극복해야 하는 이유는 무엇인가?

2단계 '방해 요소 멀리하기'에서는 자신을 괴롭히는 중독 증상과 본격적으로 이별하는 단계다. 중독을 유발하는 환경이나 상황을 멀리하면서, 중독 증상에서 벗어나는 데 도움이 되는 방법을 소개한다.

3단계 '노력에 대한 보상받기'에서는 중독을 극복했을 때 받을 수 있는 보상을 설정함으로써 목표에 대한 동기를 부여할 수 있는 실질적인 방법을 제안한다.

이후 3부에서 도파민을 자극하는 행위에서 벗어날 수 있는 대체 활동이나 새로운 습관을 구축함으로써 도파민의 균형을 찾고 건강한 삶을 영위할 수 있게 도울 것이다.

본격적으로 도파민 디톡스를 시작하기에 앞서 한 가지 제안 사항이 있다. 이 여정을 세세하게 기록할 '도파민 디톡스 일지'를 준비하길 권한다. 도파민 디톡스 과정을 시작하며 문제를 인식하고 목표를 정한 뒤 나아가는 과정에서 마주하는 감정은 물론 변화와 성취를 눈으로 확인할 수 있는 소중한 기록이 될 것이다.

도파민 디톡스 여정에 첫발을 내디딜 여러분을 위해 세

명의 사례자가 디톡스 멘토이자 동반자로 나선다. 첫 번째 동반자는 우리 일상에서 가장 흔하게 접할 수 있는 스마트폰 중독자이자 당뇨병 환자인 준용 씨, 두 번째 동반자는 야식 중독자이자 고지혈증 환자인 나리 씨, 마지막 동반자는 앞부분에 나왔던, 쇼핑 중독자이자 쿠싱증후군 환자인 주리 씨다.

	준용 씨(男)	나리 씨(女)	주리 씨(女)
나이	20대 후반	30대 중반	40대 초반
직업	회계법인 회계사	콜센터 고객 상담원	초등학교 교사
건강 상태	당뇨병 환자	고지혈증 환자	쿠싱증후군 환자
중독 행동	스마트폰 보기	야식 먹기	쇼핑하기

세 동반자의 생생한 경험담에 힘입어 용기 내 첫발을 내디뎌 보자. 혼자서는 어렵지만, 함께하면 훨씬 더 시작이 수월할 것이다.

이제 도파민 중독과의 전쟁에 맞설 모든 준비를 마쳤는가? 오늘이 도파민 중독 증상에서 벗어날 수 있는 마지막 기회일지도 모른다. 분명 이 여정 끝에 좀 더 나은 집중력과 생산성, 감정 조절과 삶의 만족을 경험하며 건강한 생활 습관을 형성할 수 있으리라 믿어 의심치 않는다.

지금부터 나와 함께 '호르몬의 노예'가 아닌 '호르몬의 주인'되기 실전편, 도파민 디톡스를 단계별로 실천해 보자.

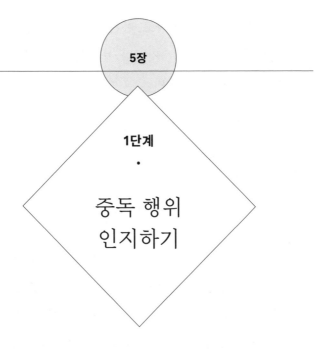

5장

1단계
·

중독 행위
인지하기

도파민 디톡스의 1단계는 바로 '중독 행위 인지하기'다. 이
단계는 지금 자신이 처해 있는 중독 문제를 파악하고 스스로
를 좀 더 이해해 보는 시간이다. 내가 무엇에 의존하고 있는
지, 나의 일상을 위협하는 도파민 중독 증상은 무엇인지 스
스로 파악하는 것이 핵심이다.

　인지하기의 과정은 크게 세 부분으로 이루어진다. 먼저,
무엇이 중독 행위를 하게 만드는지 그 원인을 찾아내고, 도

파민 디톡스 목표를 설정하고, 마지막으로 목표를 달성한 순간을 생생히 상상해 보는 것이다. 변화는 중독 문제를 인지하는 것에서부터 시작된다.

step 1 의존 요인 탐색
— 나를 망치는 것의 정체

진단받은 질병이나 겉으로 보이는 문제를 더 파고들어 문제의 근본적인 원인을 찾아내는 것은 아주 중요하다. 비만, 고혈압, 고혈당, 고지혈증과 같은 여러 대사 이상이 복합적으로 나타나는 환자들을 들여다보면 계속해서 많이 먹는 게 아니라 특정 시간대에 폭식하는 경우가 많다.

폭식은 배고픔과 상관없이 충동적으로 음식을 많이 먹는 행위로, 야식도 이에 해당한다. 특히나 바쁜 일과 탓에 유독 식사를 저녁에 몰아서 하는 직장인들의 경우 이런 패턴이 굳어지기 쉽다. 폭식은 단순히 늦은 시간에 많이 먹게 되는 문제를 넘어서 심리적, 생리적, 사회적 문제가 복합적으로 작용해서 일시적으로는 쾌감을 줄지 몰라도 결국에는 죄책감, 우울감, 불안 등을 유발한다.

생활 습관 점검하기

고지혈증으로 나리 씨가 처음 내원했을 때 중성 지방 수치는 무려 400밀리그램 퍼 데시리터(mg/dL)를 넘겼다. 이는 상당히 위험한 수치로, 일반적인 중성 지방의 정상 수치는 150~200mg/dL 미만이다.

나는 대사증후군의 주요 위험 인자를 가진 환자의 경우 평소 어떠한 중독 문제가 있는지, 그 의존 요인을 찾아내기 위해 평소 생활 습관을 점검하며 대화를 나눈다. 보통 다음 다섯 가지 점검 순서를 따른다.

1. 행동 인식하기
2. 행동을 유발하는 요인 찾기
3. 시간 패턴 확인하기
4. 정서적 반응 관찰하기
5. 장기적 영향에 대해 생각해 보기

실제 나리 씨 사례에 적용해 보자.

1. 행동 인식하기

"오전에는 정말 식욕이 없거든요. 그런데 밤만 되면 식욕을 주체할 수 없어요."

대화를 통해 나리 씨는 낮에는 별생각 없다가도 밤만 되면 출출해서 배달 앱을 뒤져 본다는 점을 인식했다. 주 6회 이상 야식을 즐겨 먹는 습관이 고지혈증을 악화시키는 주요 원인으로 파악된 것이다.

2. 행동을 유발하는 요인 찾기

"제가 콜센터에서 일하는 동안 스트레스를 많이 받거든요. 퇴근 후에 보상 심리로 꼭 야식을 시키게 되더라고요. 그리고 남편이 영업 사원이라 회식이 좀 잦은 편인데 회식한다고 늦게 들어온다는 말을 들으면 분명히 저녁을 먹었는데도 이상하게 야식이 당기는 것 같아요."

고객의 무리한 항의에 대응하는 등 스트레스를 많이 받은 날이나 남편이 회식으로 늦게 들어오는 날, 나리 씨는 유

도파민 밸런스

독 야식에 대한 갈망이 커진다고 했다. 이렇게 행동 유발 요인을 찾다 보면, 그 행동의 근본적인 원인을 인지하게 된다.

3. 시간 패턴 확인하기

나리 씨가 야식을 주로 몇 시에 먹는지 시간 패턴을 확인해 보았다. 주로 밤 11시~새벽 1시 사이에 야식을 주문한다고 했다. 따라서 이때가 나리 씨의 중독 행위가 나타나는 주요 시간대인 것을 확인했다.

4. 정서적 반응 관찰하기

나는 나리 씨에게 야식을 먹을 때 어떠한 감정이 드는지 물어 보았다.

"맛있는 게 입에 들어가면 그때만큼은 진짜 행복하죠. 언제 힘들었냐는 듯 스트레스도 확 풀리고, 오늘도 혼자라는 그런 외로운 감정도 좀 덜하고요."

직장에서 스트레스를 받을 때 느끼는 좌절과 분노, 집에 돌아왔을 때 늦게까지 남편이 곁에 없다는 불안감 등의 감정이 야식과 연결되면서 음식을 먹는 순간 일시적으로 스트레스가 해소되는 듯했다. 하지만 나리 씨가 야식을 먹으면서 즐거움만 느끼는 것은 아니었다.

"먹는 순간은 제가 세상에서 가장 행복한 사람이 된 것 같아요. 그런데 문제는 먹고 난 후에요. 돈도 아깝고, 건강에 대한 걱정이 밀려오면서 후회도 되고 죄책감이 들어서 괴로운 것 같아요. 그런 데도 매일 밤 또 야식을 주문하고 있다니까요."

5. 장기적 영향에 대해 생각해 보기

나리 씨는 자신이 느끼는 감정을 되짚으며 야식이 자신의 건강과 미래의 삶에 미치는 장기적 영향에 대해 생각해 보는 시간을 가졌다. 잠을 청해야 하는 시간에 떡볶이와 라면, 양념 막창 등 그야말로 '맵고, 달고, 짠' 맛이 두드러지는 자극적인 음식을 즐기면서 3개월 만에 체중이 10킬로그램 정도 증가했고, 현재 고도 비만인 상태다. 게다가 야식을 즐긴 후 불면증이 더욱 심해졌다고 했다.

다행히도 건강을 되찾기 위해 야식을 끊어 보겠다며 도파민 디톡스에 참여했다. 만약 지금과 같은 생활 습관을 지속한다면 건강에 심각한 문제가 생길 수 있다는 것을 스스로

도파민 밸런스

인지한 것이다.

진료실을 찾은 환자 중 나리 씨처럼 야식 증후군에서 헤어 나오지 못하는 사례가 정말 많다. 사실 바쁜 일과를 보낸 후에 먹는 야식은 지친 하루의 보상과도 같은 선물일 것이다. 하지만 야식의 숨겨진 진짜 얼굴은 위험한 유혹일 수밖에 없다. 건강 악화의 지름길이기 때문이다.

도파민 디톡스에서 인지하기는 중독 문제를 해결하는 데 있어 가장 중요한 출발점이다. 중독 문제를 인지하지 못하면, 마치 병을 앓고 있으면서도 자신이 환자라는 것을 모르는 것과 같다. 병을 인식해야 치료를 시작할 수 있듯이 우리도 잘못된 생활 습관을 인식함으로써 문제를 극복하기 위한 노력을 시작할 수 있다.

도파민 디톡스
일지 쓰기

◇

①

세 사례자의 도파민 디톡스 일지를 참고하여 자신이 어떤 상황에서 도파민을 유발하는 중독 행동을 보이는지 기록해 보자. 도파민 유발 요인과 그로 인한 영향을 기록함으로써 디톡스 기간 동안 변화가 필요한 부분을 명확히 알게 될 것이다.

1 행동 인식

- <u>현재 생활을 망치고 있는 습관</u> 틈만 나면 스마트폰으로 부동산, 주식 투자, 잉글랜드 프리미어리그EPL 관련 커뮤니티와 콘텐츠를 찾아본다.

2 행동 유발 요인

- <u>주된 요인</u> 업무 스트레스와 직장 내 치열한 경쟁, 성과 압박을 받을 때마다 도피하듯 더 스마트폰을 자주 사용한다.

3 시간 패턴

- <u>가장 자주 발생하는 시간</u> 주로 밤 11시~새벽 3시 사이.
- <u>시작 전 기분</u> 새로운 정보에 대한 열망에 기대감이 큰 것 같다.

4 정서적 반응 관찰

- <u>행위 후 느끼는 감정</u> 조금 있으면 출근해야 한다는 스트레스가 상당하다. 일상이 꼬이는 기분.

5 장기적 영향

- <u>건강에 미치는 영향</u> 잠이 부족해 혈당 관리가 안 되고 회사 일도 집중하지 못하는 날이 많다. 지적받는 일이 늘다 보니 자존감도 바닥으로 떨어지는 것 같다.
- <u>변화의 필요성 인식</u> 내 건강과 일상, 회사 생활을 위해서라도 달라져야겠다.

1 행동 인식

- **현재 생활을 망치고 있는 습관** 야식 먹기. 분명 저녁을 먹었는데도 거의 매일 밤 야식을 주문한다. 배달 음식에 많이 의존하는 것 같다.

2 행동 유발 요인

- **주된 요인** 무례한 고객을 응대하거나 콜 수 압박으로 스트레스를 받으면 보상 심리로 야식을 주문한다. 또 영업 사원인 남편이 회식하고 들어온다고 할 때마다 자동으로 야식을 주문하는 것 같다.

3 시간 패턴

- **가장 자주 발생하는 시간** 주로 밤 11시~새벽 1시 사이에 야식을 주문한다.
- **시작 전 기분** 무엇을 먹을지 선택하고, 주문할 때 가장 설렌다.

4 정서적 반응 관찰

- **행위 후 느끼는 감정** 야식을 먹을 때는 세상에서 가장 행복한 사람이 된다. 하지만 늘어가는 뱃살을 보면 고지혈증이 더 나빠질까 봐 불안하고 무섭다. 또 시켜 먹었냐는 남편의 잔소리를 들을까 봐 짜증이 난다.

5 장기적 영향

- **건강에 미치는 영향** 야식으로 계속 살이 찌면서 고지혈증이 악화되고 불면증도 심각하다.
- **변화의 필요성 인식** 계속 이렇게 관리하지 못하다가는 건강도 잃고 남편과 사이도 더 틀어질 것 같다. 늦기 전에 변화가 필요하다.

1 행동 인식

* <u>현재 생활을 망치고 있는 습관</u> 학교에서 쉬는 시간마다 온라인 쇼핑몰을 구경하면서 불필요한 물건을 충동구매할 때가 많다.

2 행동 유발 요인

* <u>주된 요인</u> 통제하기 어려운 아이를 훈육하거나 학부모 면담으로 받은 스트레스를 해소하기 위해 쇼핑을 하는 것 같다. SNS에서 잘사는 친구들의 일상을 엿본 날에는 인플루언서들이 착용한 옷이나 아이템 등을 충동구매하는 경우가 많다.

3 시간 패턴

* <u>가장 자주 발생하는 시간</u> 퇴근하기 전 교실에 혼자 있을 때, 잠자기 전 침대에 누워서 SNS를 볼 때.
* <u>시작 전 기분</u> 유행하는 옷이나 액세서리를 찾고 결제하는 순간 도파민이 샘솟는 듯한 기분이 든다.

4 정서적 반응 관찰

* <u>행위 후 느끼는 감정</u> 물건을 사는 순간의 쾌감이 최상이라면 이후에 느끼는 후회와 죄책감은 말로 표현할 수가 없다. 알면서도 또 쇼핑하고 있는 내가 싫다.

5 장기적 영향

* <u>건강에 미치는 영향</u> 카드 빚이 계속 늘어나서 스트레스를 많이 받는다. 그 스트레스 때문인지, 쿠싱증후군 때문인지 요즘 두통이 심하고 얼굴이 변한 것 같아서 매일 우울하다.
* <u>변화의 필요성 인식</u> 다른 문제는 제쳐 두더라도 파산하기 전에 대책을 세워야겠다.

_____ 의 도파민 디톡스 일지   현재 과정   의존 요인 찾기

1 **행동 인식**
- 현재 생활을 망치고 있는 습관

2 **행동 유발 요인**
- 주된 요인

3 **시간 패턴**
- 가장 자주 발생하는 시간
- 시작 전 기분

4 **정서적 반응 관찰**
- 행위 후 느끼는 감정

5 **장기적 영향**
- 건강에 미치는 영향
- 변화의 필요성 인식

목표 설정
― 무엇을 어떻게 이룰 것인가

우리는 앞에서 '내가 무엇에 의존하고(중독되어) 있는 가?'에 대한 답을 찾는 시간을 가졌다. 이러한 과정은 단순히 문제를 인지하는 데 그치지 않고, 우리가 어떤 부분을 절제 해야 하는지를 이해하는 데 중요한 초석이 된다.

그다음은 목표를 설정할 차례다. 하지만 작심삼일이라 고 했던가. 연초마다 연례행사처럼 원대한 계획을 품지만, 얼마 지나지 않아 그 결심이 흐지부지되는 경우가 부지기수 다. 매년 자신이 얼마나 의지가 나약한지 확인하며 좌절한다. 그러나 이번에는 실패할 수 없다.

명확한 목표를 설정하면 나아갈 방향을 확실히 알 수 있고, 동기 부여도 된다. 주로 다음 세 가지 질문을 통해 자신이 원하는 목표를 그려 볼 수 있다.

* 도파민 디톡스 기간 동안 당장 실천해야 할 일은 무엇 인가?
* 짧게는 1년, 길게는 수십 년에 걸쳐 꼭 이루고 싶은 인 생 목표가 있는가?

* 그 목표가 내 삶의 가치관과 일치하는가?

분명한 것은 목표를 세울 때도 전략이 필요하다는 것이다. 지금부터 누구나 실천할 수 있는 성공적인 도파민 디톡스를 위한 구체적인 목표 설정 전략을 소개하겠다.

실현 가능한 목표를 디자인하라

목표 디자인DESIGN 기법은 1981년 경영 컨설턴트 조지 T. 도란George T. Doran이 처음 제시한 SMART 목표 설정법을 기반으로 하여 도파민 디톡스에 최적화된 방법으로 재구성한 것이다.

조각가가 아름다운 조각품을 만들기 위해 대리석을 정밀하게 다듬듯이 지금부터 우리는 목표를 정교하게 디자인해 나갈 것이다.

I. D Define 명확하고 구체적인 목표 세우기

사람들이 목표를 세울 때 흔히 하는 실수가 바로 모호한 목표를 세우는 것이다. 목표를 구체적으로 세우지 않으면 혼란을 겪을 수밖에 없다.

"살찌니까, 성격도 소심하게 변하는 것 같아요. 일단 살부터 빼고 싶어요."

야식 중독자이자 고도 비만인 나리 씨가 진료 중에 밝힌 목표다. 그런데 어떻게 살을 뺄 것인지, 어느 정도 뺄 것인지가 모호하다. 다이어트라는 목표를 이루기 위해서는 운동, 식단, 정신 건강 등 여러 측면을 고려해야 한다. 결국 자신이 설정한 목표에 대한 구체적인 행동 계획이 없으면 이번에도 계획은 흐지부지될 가능성이 크다.

만약에 목표를 구체화하는 게 어렵다면 '누가, 언제, 어디서, 무엇을, 어떻게, 왜'에 해당하는 육하원칙을 적용해 보는 것도 좋다.

특히나 목표를 설정할 때 '왜'는 상당히 중요하다. 목표를 이뤘을 때 얻을 수 있는 혜택과 그 목표를 설정한 구체적인 이유를 명확히 알 수 있게 해 준다.

2. E Evaluate 목표를 평가할 수 있는 지표 정하기

사실 목표를 아무리 구체적으로 세워도 동기가 부족하거나 스스로에 대한 확신이 없으면 불안하고 시작조차 어렵다. 자신에 대한 불신은 목표를 이루지 못하게 하는 방해꾼인 셈이다. 목표를 현실로 만들기 위해서는 평가 기준을 만들어야 한다. 이로써 어떤 목표를 이루려 하는지, 우리가 세운 목표가 얼마나 잘 진행되고 있는지 확인할 수 있다.

스마트폰 중독자인 준용 씨는 '하루에 1시간 이하로 스마트폰 사용하기'라는 목표를 세우고 매일 저녁, 스마트폰 사용 시간을 확인하여 기록한 후 평가하는 시간을 가졌다. 물론 앱을 활용하여 시간을 기록하는 것도 유용하지만, 앱을 사용하는 것도 결국 스마트폰 사용 시간과 연결되기 때문에 직접 기록하는 방법을 선택했다.

또한 도파민 디톡스 일지에 스스로 세운 주간 계획을 얼마나 잘 지켰는지 점검하면서 자신이 올바른 방향으로 가고 있는지를 매일 체크했다.

일단 평가 기준을 세웠더라도, '이 정도면 적당한 수준인가?' '사용 시간을 어떻게 하면 조금 더 줄일 수 있을까?' 같은 질문을 계속 던지면서 적정한 평가 기준을 잡아 나가자.

3. S (Set Achievable) 실현할 수 있는 목표인지 점검하기

구체적인 목표를 세워도 그 목표가 너무 원대하거나 비현실적이면 좌절할 가능성이 크다. 예를 들어, 주리 씨의 월급이 400만 원인데 쇼핑하느라 빚진 대출금을 '매달 500만

원씩 갚기'로 목표를 세웠다고 가정해 보자. 매달 월급보다 많은 금액을 빚 갚는 데 쓰겠다는 목표는 비현실적이다.

게다가 아무리 쇼핑을 끊는다고 해도 매달 최소한의 생활비는 필요할 터. 이러한 목표는 당연히 실패할 확률이 높고, 실패는 결국 자신감 하락으로 이어질 수 있다. 차라리 충동구매 횟수를 줄이는 게 더 현실적이지 않을까?

4. | Identify Relevance 추구하는 가치와 목표의 관련성 확인하기

목표를 세울 때는 단순히 나쁜 습관에 대한 행동 변화에 그치는 것이 아니라 개인의 가치관, 또는 장기적인 꿈과 연결해 보는 습관을 가져야 한다.

가치는 개인이나 사회가 무엇을 중요하게 생각하는지, 무엇을 추구하는지를 나타내고, 가치관은 이러한 가치를 바탕으로 형성된 신념이나 태도를 말한다. 예를 들어 '정의'라는 가치를 중요하게 생각하는 사람은 공정한 사회 만들기 캠페인 등에 참여하는 방식으로 자신의 신념을 실현할 수 있다.

내가 원하는 것, 가치관을 고려하여 목표를 세우면, 도파민 디톡스의 과정 또한 험난하기만 한 과제가 아니라, 가치 있는 삶으로 향해 가는 길이 될 수 있다.

5. G (Give a Timeframe) 구체적인 시간과 기간 설정하기

바쁜 일상 가운데 목표를 설정하고 실천하기란 여간 어려운 일이 아니다. 그래서 목표 달성을 위해 합리적인 시간과 기간을 설정하는 일은 매우 중요하다. 마치 여행을 가기 위해 일정표를 작성하는 것과 같다.

시간제한 설정법은 방법에 따라 크게 세 가지로 나눌 수 있다. 첫째, 구체적인 마감일을 설정하는 것이다. 예를 들어, 나리 씨가 '11월 31일까지 석 달간 총 6킬로그램 감량하기'라는 명확한 마감일을 설정하면, 목표를 달성하는 데 긴장감과 집중력을 높일 수 있다.

둘째, 단계별 목표를 설정하는 방법이다. 준용 씨가 '한 달 안에 스마트폰 하루 사용 시간을 1시간 이하로 줄이기'라는 목표를 세웠다면, 이 목표를 주간 계획으로 나눌 수 있다. 첫 2주 동안은 스마트폰 사용 시간을 하루 2시간 이하로 줄이고, 남은 2주 동안은 하루 1시간 이하로 줄여 나가는 식이다. 큰 목표를 작은 단계로 나누어 실행하면 더욱더 효율적으로 실천할 수 있다.

셋째, 시간 블록 설정을 활용하는 것이다. 이는 하루 중 특정 시간을 목표 달성을 위한 블록으로 설정하는 것으로, 시간 관리에 매우 유용하다. 프리랜서 웹툰 작가라면 '매일 아침 7시~8시까지 운동하기' '오전 8시~9시까지 아침 식사하기' '9시~오후 12시까지 1차 웹툰 그리기'처럼 일정 시간에 해야 할 일을 블록처럼 정해 두면 꾸준한 실천에 도움이 되는 루틴을 만들 수 있다. 또한 정해진 시간 내에 목표를 달성하면서 단계마다 성취감을 경험할 수 있다. 도파민 중독 증상으로 인해 부족해진 시간 관리 능력을 되찾는 데 큰 도움이 될 것이다.

시간제한 설정법과 관련해서는 2단계 '멀리하기'에서 더욱 자세히 설명하겠다.

6. N Navigate Action Plan 행동 경로 수정하기

내비게이션에 목적지를 입력하고 출발하더라도 실시간 교통 상황에 따라 경로가 달라지듯, 인생의 목적지도 상황과 환경에 따라 계속 수정되기 마련이다. 지금까지 여러 방법을 통해 목표를 구체화했다면, 우선순위를 정하고 필요에 따라 수립된 계획을 수정할 수 있어야 한다.

먼저 목표의 우선순위를 정하자. 목표를 설정하다 보면 여러 개의 목표가 생길 수 있다. 자신이 달성하고자 하는 목표나 업무를 모두 나열해 본 다음, 중요성과 긴급성에 따라 어떤 것부터 수행할지를 결정한다.

이때 무엇이 장기적인 성공에 더 큰 영향을 미치는지를 고려해야 한다. 우선순위 결정이 어렵다면, 쇼핑 중독인 주리 씨가 목표 순위를 어떻게 정했는지 참고해 보자.

목표 설정 목록	
예산 짜기	매달 쓸 예산을 정하고, 필요한 지출과 불필요한 지출을 구분한다.
쇼핑 앱 삭제하기	충동구매와 쇼핑 횟수를 줄이기 위해 쇼핑 앱을 삭제한다.
대체 활동 찾기	쇼핑 대신 할 수 있는 취미나 활동을 찾는다.
빚 상환 계획 세우기	먼저 갚아야 할 빚의 목록을 작성하고, 각 빚에 대한 상환 계획을 수립한다.

우선순위 적용

1순위: 쇼핑 앱 삭제하기
가장 먼저 실행할 수 있는 행동으로, 즉각적인 변화를 불러올 수 있다.

2순위: 예산 짜기
쇼핑 앱을 삭제한 후, 재정 관리의 기초를 다지는 것이 중요하다. 한 달 동안 지출할 예산 계획을 세워 지출을 통제한다.

3순위: 빚 상환 계획 세우기
구체적인 상환 계획을 세워 실제로 빚을 갚아 나간다.

4순위: 대체 활동 찾기
빚을 갚으면서 힘들 때 마음에 안정을 줄 수 있는 활동을 찾는다.

그다음으로 목표를 자주 확인하자. 왜 그래야 할까? 삶은 늘 변수로 가득 차 있다. 어제는 분명 가능했던 일이 며칠 뒤에는 어려워질 수 있다. 따라서 목표를 주기적으로 확인하고, 필요할 때는 유연하게 수정해야 한다.

이때 앞서 E 부분에서 설정한 기준을 토대로 진행 상황을 점검해 보고, 주변의 의견이나 피드백을 통해 목표 달성에 대한 새로운 조언을 얻고, 필요에 따라 목표와 세부 계획을 재조정할 수 있다. 이렇게 하면 도파민 디톡스 기간에 예상치 못한 변수에 직면하더라도 상황에 맞춰 효과적으로 대처할 수 있을 것이다.

목표를 세울 때
'가치'가 중요한 이유?

○

목표는 꿈을 현실로 바꾸는 첫걸음이다. 목표를 설정함으로써, 우리는 그 꿈을 향해 나아갈 수 있고, 구체적인 방향을 설정할 수 있다. 그런데 목표를 세우기 전에 내가 추구하는 '가치'가 무엇인지를 명확히 하는 게 우선이다.

가치는 개인이나 사회가 중요하게 여기는 신념이나 기준, 또는 원칙으로, 성공, 경제, 가족 등 여러 형태로 존재하며 우리 삶의 방향성을 알려 주는 나침반과 같다. 그래서 목표와 가치가 일치하지 않으면, 목표를 이루는 데 큰 어려움에 빠질 수도 있다. 왜 그럴까?

앞서 나온 준용 씨의 사례를 조금 더 들여다보자. 경험상 준용 씨처럼 의사의 처방과 조언에 잘 따라 주고 당뇨약을 끊는 환자들을 보면 대개 생활 패턴이 규칙적인 경우가 많다. 그랬던 사람이 2년 만에 스마트폰 중독으로 과체중에, 당뇨 증상까지 재발되어 다시 병원에 오다니 놀랄 수밖에 없었다.

"졸업하자마자 우리나라 4대 회계법인에 합격했다고 다들 축하해 줬는데, 솔직히 마냥 기쁘지는 않았어요, 저는 로스쿨에 가고 싶었거든요. 미련이 남아서인지 회사 다니는 내내 정이 잘 안 가더라고요."

이야기를 나눠 보니 그는 정의와 공존이라는 가치를 바탕으로 투명하고 책임감 있는 일을 하는 법관을 오래전부터 꿈꿨다고 했다. 하지만 현실은 꿈을 이루지 못한 채 일에 허덕이는 직장인의 모습이었다. 끝없는 회의와 보고서의 굴레에서도 준용 씨는 하루하루 최선을 다했지만, 자신보다 학업 성적이 좋지 않은 데다가 법률 쪽은 생각도 없다던 동기가 로스쿨에 합격했다는 소식을 듣고 처음으로 마음이 크게 흔들렸다고 했다. 번아웃을 경험하게 된 것이다. 현실을 외면하기라도 하듯 그때부터 그는 재테크와 영국의 프로 축구 리그인 프리미어리그 관련 커뮤니티, 유튜브 콘텐츠에 몰입하기 시작했다. 그렇게 스마트폰 중독에 빠지면서 위기를 맞게 된 것이다.

중요한 것은, 우리가 추구하는 가치는 시간에 따른 생각의 변화, 경험의 깊이, 책임의 변화, 건강 상태, 사회적 관계, 삶의 우선순위, 주변 환경에 따라 유동적으로 언제든지 바뀔 수 있다는 점이다.

커피 중독에 빠질 만큼 심리적, 체력적으로 압박감이 컸던 인

턴과 레지던트 시절을 지난 지금, 나는 내분비내과 의사가 나의 천직이라고 생각한다. 그때는 힘든 측면에만 초점을 맞췄던 것 같다. 하지만 환자들과 가까이서 대화를 나누며 치료할 수 있고, 실험과 연구를 비롯한 학술적인 부분이 중요한 이 일의 특성이 지금의 나에게는 아주 잘 맞는다는 것을 깨달았다.

내 경험을 이야기하며 준용 씨에게도 현재 하는 일에서 추구하는 가치를 실현할 수 있는 부분이 있을 거라고, 그걸 잘 찾아보라고 조언했다.

준용 씨는 자신이 하는 일도 결국 책임감이 필요한 전문직이고, 누구보다 공정하고 투명하게 일해야 하는 점에서는 비슷한 면이 있다고 했다. 밤마다 스마트폰으로 유튜브를 본다고 늦게 자고, 결국 일에 지장을 주는 행위를 멈추어야겠다며 도파민 디톡스에 큰 의지를 보였다.

다음 질문들을 토대로 자신이 중요하게 여기는 가치를 생각해 보자.

- 내가 열정을 쏟고 있는 분야는?
- 나는 어떤 주제에 몰입하고, 말할 때 목소리가 커지는가?
- 나는 사람이 어떤 자질을 갖추는 게 중요하다고 생각하는가?
- 내가 인생에서 가장 만족감을 느낄 때가 언제인가? 그 이

유는 무엇이라고 생각하는가?

삶의 나침반이 되어 줄 가치를 찾는 일은 도파민 디톡스를 위한 목표 설정에 있어서 중요한 부분이다.

도파민 디톡스
동반자들의 인생 가치

준용

가치 키워드

정의, 공정, 윤리, 사회

정의와 공정성, 인권, 도덕적 책임, 정직하고 투명한 행동을 추구한다. 또한 사회적 기여, 개인의 잠재력과 능력 개발을 중요하게 생각한다.

나리

가치 키워드

사랑, 사회

가족, 친구, 연인 간의 깊은 유대감을 중시하고, 타인에 대한 배려와 감정적 지지를 중요한 가치로 여긴다. 또한, 사람에 대한 이해와 존중을 바탕으로 관계를 형성하는 것을 중요시한다.

주리

경제, 사회

소득의 안정성을 중요한 가치로 여기며 어릴 때부터 공무원이 꿈이었다. 개인적 욕구 충족을 위한 소비를 중시하고, 배운 것을 사회에 환원해야 한다고 생각하며, 개인의 행동에 대한 책임 의식이 강한 편이다.

◇ 도파민 디톡스
일지 쓰기
②

목표가 바로 서야 디톡스로 향하는 길이 더 잘 보일 것
이다. 디톡스 동반자들의 일지를 참고하여 직접 써 볼
차례다. 조금 귀찮고 번거롭더라도 지금껏 익힌 방법을
토대로 목표를 정교하게 디자인해 보자.

1 Define **명확하고 구체적인 목표 세우기**

· **나의 목표** 스마트폰 사용 시간 및 디지털 콘텐츠 소비 줄이기
누가 | 나는 **언제** | 월~금 평일에 **어디서** | 회사 및 침실에서
무엇을 | 스마트폰 사용을 **어떻게** | 회사에서는 업무용으로만. 일상에서는
매일 밤 10시 이후에는 사용 안 하기 **왜** | 업무에 집중하고 수면 시간을 확
보하여 건강을 되찾기 위해.

2 Evaluate **목표를 평가할 수 있는 지표 정하기**

· **진행 상황 기록 및 점검** 도파민 디톡스 일지에 매일 스마트폰 사용 시간을 기
록하고, 매주 토요일에 목표 달성 여부를 점검한다.

3 Set Achievable **실현할 수 있는 목표인지 점검하기**

· **구체적인 목표** 스마트폰 사용 시간을 하루 1시간 이하로 제한하고, 매일 밤
12시 전에 잠자리에 들며, 늦어도 오전 7시 전에 일어난다.

4 Identify Relevance **추구하는 가치와 목표의 관련성 확인하기**

· **나의 목표와 가치의 관련성** 도덕적 책임과 사회적 기여를 중시하므로, 책임감
있는 일 처리를 위해서라도 새벽까지 유튜브를 시청하는 습관을 개선한다.

5 Give a Timeframe **구체적인 시간과 기간 설정하기**

· **도파민 디톡스 도전 기간** 30일
· **목표 달성을 위한 구체적인 기간(시간) 설정** 첫 15일은 스마트폰 사용 시간을
하루 2시간 이하로 제한하고, 이후 15일은 매일 1시간 이하로 사용한다.

6 Navigate Action Plan **행동 경로 수정하기**

· **목표의 우선순위 설정** 매일 밤 10시 이후 스마트폰을 침실 밖에 둔다. 주변 사
람들에게 급한 용무가 있으면 전화를 달라고 요청한다.
· **세부 계획 중 재조정할 사항** 토요일마다 목표를 점검하고, 필요시 계획을 조
정한다.

1 Define 명확하고 구체적인 목표 세우기

- **나의 목표** 야식과 기름진 고열량 음식 끊기

  누가 | 나는 언제 | 매일 저녁 8시 이후에 어디서 | 집에서
  무엇을 | 야식과 고열량 음식을 어떻게 | 끊고 건강한 식단을 유지하고 저녁
  8시 이후에는 식사를 금지한다. 왜 | 고지혈증을 잘 관리하고 고도 비만에
  서 벗어나기 위해.

2 Evaluate 목표를 평가할 수 있는 지표 정하기

- **진행 상황 기록 및 점검** 매일 체중과 식단, 운동 시간을 기록하여 설정한 목표
  에 맞게 진행되고 있는지 확인한다.

3 Set Achievable 실현할 수 있는 목표인지 점검하기

- **구체적인 목표** 퇴근 후 주 2회 수영을 하고, 자주 걷는다. 매주 0.5킬로그램
  (한 달에 2킬로그램) 감량을 목표로 한다.

4 Identify Relevance 추구하는 가치와 목표의 관련성 확인하기

- **나의 목표와 가치의 관련성** 가족과의 유대를 중요하게 생각하므로, 야식 습관
  을 고쳐 고도 비만과 고지혈증 같은 건강 문제를 해결하고 남편과의 관계
  도 회복한다.

5 Give a Timeframe 구체적인 시간과 기간 설정하기

- **도파민 디톡스 도전 기간** 90일
- **목표 달성을 위한 구체적인 기간(시간) 설정** 3개월 내 6킬로그램을 감량한다.

6 Navigate Action Plan 행동 경로 수정하기

- **목표의 우선순위 설정** 먼저 배달 앱을 지우고, 냉장고도 비운다. 다음으로 수
  영 강좌에 등록해 기초부터 배운다.
- **세부 계획 중 재조정할 사항** 필요시 식단을 조정하거나 운동 시간을 늘린다.

I Define **명확하고 구체적인 목표 세우기**

- **나의 목표** 과소비와 충동구매 줄이기

  누가ㅣ 나는 언제ㅣ 매일 어디서ㅣ 직장인 학교와 집에서
  무엇을ㅣ 과소비와 충동구매를 어떻게ㅣ 쇼핑 앱을 삭제하고 쇼핑 횟수와 금액을 정하여 계획적으로 소비한다. 왜ㅣ 카드 빚을 줄이고 빚으로 인한 스트레스를 줄이기 위해.

2 Evaluate **목표를 평가할 수 있는 지표 정하기**

- **진행 상황 기록 및 점검** 일요일마다 쇼핑 횟수와 지출 금액을 기록하여 목표에 맞게 지출이 이루어졌는지 체크한다.

3 Set Achievable **실현할 수 있는 목표인지 점검하기**

- **구체적인 목표** 도파민 디톡스 기간 동안 모든 생활비를 체크카드로만 사용하여 신용카드로 인한 빚을 더 이상 늘리지 않는다. 각 쇼핑 금액을 10만 원 이하로 설정하여 불필요한 지출을 줄인다.

4 Identify Relevance **추구하는 가치와 목표의 관련성 확인하기**

- **나의 목표와 가치의 관련성** 경제적 안정을 위해 과도하게 부과되는 카드 빚을 줄이고 안정적인 소비 습관을 구축한다.

5 Give a Timeframe **구체적인 시간과 기간 설정하기**

- **도파민 디톡스 도전 기간** 60일
- **목표 달성을 위한 구체적인 기간(시간) 설정** 한 달에 쇼핑을 2회로 제한한다.

6 Navigate Action Plan **행동 경로 수정하기**

- **목표의 우선순위 설정** 쇼핑 앱부터 삭제하고, 한 달 동안 쓸 예산과 빚 상환 계획을 세운다.
- **세부 계획 중 재조정할 사항** 진행 상황과 예산 상태를 주기적으로 검토해 필요시 사용 금액을 조정한다. 충동구매가 조절되지 않을 시 전문가 상담을 계획한다.

_____ 의 도파민 디톡스 일지 **목표 설정하기**

l Define **명확하고 구체적인 목표 세우기**

· <u>나의 목표</u>

누가 | 언제 | 어디서 |

무엇을 | 어떻게 |

왜 |

2 Evaluate **목표를 평가할 수 있는 지표 정하기**

· <u>진행 상황 기록 및 점검</u>

3 Set Achievable **실현할 수 있는 목표인지 점검하기**

· <u>구체적인 목표</u>

4 Identify Relevance **추구하는 가치와 목표의 관련성 확인하기**

· <u>나의 목표와 가치의 관련성</u>

5 Give a Timeframe **구체적인 시간과 기간 설정하기**

· <u>도파민 디톡스 도전 기간</u>

· <u>목표 달성을 위한 구체적인 기간(시간) 설정</u>

6 Navigate Action Plan **행동 경로 수정하기**

· <u>목표의 우선순위 설정</u>

· <u>세부 계획 중 재조정할 사항</u>

step 3 이미지 트레이닝
—상상은 현실이 된다!

"당신이 상상할 수 있는 것은, 당신이 이루어 낼 수 있는 것이다."

— 월트 디즈니

창의성과 비전의 상징인 월트 디즈니는 자신의 꿈과 상상을 현실로 만들어 낸 인물이다. 우리의 뇌가 목표를 지속적으로 상상할 때 그 목표 달성을 위한 행동을 유도한다는 사실을 알고 있는가?

도파민 디톡스 1단계에서 우리가 마지막으로 해야 할 일은 바로 목표를 이룬 자신의 모습을 구체적으로 상상해 보는 것이다. 디톡스 후 긍정적으로 바뀐 미래의 내 모습을 구체적으로 이미지트레이닝하는 것만으로도 현재의 행동이 훗날 어떤 결과를 가져올지 명확히 이해할 수 있게 되고, 도파민 디톡스를 수행하는 강력한 동기가 된다.

또한 미래의 긍정적인 모습을 상상하면 부정적인 생각에서 벗어날 수 있게 해 주어 현재의 스트레스와 불안이 줄어드는 효과가 있다. 이른바 마음 챙김 효과를 볼 수 있는 것이다.

　무엇보다 미래에 대한 긍정적인 비전을 가짐으로써 자기 능력에 대한 신뢰를 높일 수 있다. "상상은 현실이 된다"는 생각으로 목표를 이룰 수 있다고 믿으면, 도파민 디톡스 과정에서 맞닥뜨리는 어려움에 대한 저항력을 키울 수 있으리라.

　2024 파리 올림픽 남자 태권도 58킬로그램급에서 금메달을 딴 박태준 선수의 인터뷰가 생각난다. 그는 경기 전 밴드 데이식스의 노래 〈한 페이지가 될 수 있게〉를 들으며 한국 태권도에서 한 페이지를 장식하는 상상을 했고, 결국 그 노래 가사가 현실이 되었다며 환하게 웃었다.

　그가 했던 이미지 트레이닝은 성공적인 결과를 얻은 모습을 머릿속에 그리는 훈련으로, 많은 운동선수가 더 나은 성과를 내기 위해 경기 전에 활용하는 방법이다. 이는 올림픽 선수들에게만 해당되는 이야기가 아니다. 지금 우리에게도 적용할 수 있다.

　이제는 우리 차례다. 이 여정이 끝났을 때 내 모습이 얼마나 긍정적으로 변해있을지 기분 좋은 상상의 나래를 펼쳐보자. 지금 우리가 상상하는 이 모든 것은, 책을 덮을 때쯤 현실이 되어 있을 테니까.

1단계
중독 행위 인지하기

의존 요인 탐색: 나를 망치는 것의 정체

- 나의 행동 패턴을 이해하고 의존 영역을 찾아내기 위한 점검 순서 5

① **행동 인식하기**: 일상에서 반복적으로 하는 행동을 스스로 관찰하고 기록한다.

② **행동을 유발하는 요인 찾기**: 특정 행동을 유발하는 외부 자극이나 내부 감정을 분석한다.

③ **시간 패턴 확인하기**: 행동이 발생하는 시간대와 빈도를 파악하여 패턴을 이해한다.

④ **정서적 반응 관찰하기**: 특정 행동에 대한 자신의 감정적 반응을 모니터링한다.

⑤ **장기적 영향에 대해 생각해 보기**: 이러한 행동이 개인의 삶에 미치는 장기적인 영향을 평가한다.

목표 설정: 무엇을 어떻게 이룰 것인가

도파민을 자극하는 중독적인 행동을 인지했다면, 이를 끊어 내기 위해 실천할 수 있는 목표를 세우는 것이 중요하다. 이때 나의 가치를 바탕으로 한 인생 목표를 확인해야 한다.

이후 체계적인 목표를 디자인함으로써 도파민 디톡스 기간 높은 집중력과 효율성을 유지할 수 있다. 목표 디자인법은 다음과 같다.

- D (Define): **명확하고 구체적인 목표를 세운다.**
- E (Evaluate): **목표를 평가할 수 있는 지표를 정한다.**
- S (Set Achievable): **실현할 수 있는 목표인지 점검한다.**
- I (Identify Relevance): **자신이 추구하는 가치와 목표의 관련성을 확인한다.**
- G (Give a Timeframe): **목표 달성을 위한 구체적인 시간, 기간을 설정한다.**
- N (Navigate Action Plan): **행동의 우선순위를 정하고 상황에 따라 수정한다.**

step 3

이미지 트레이닝: 상상은 현실이 된다!

미래의 모습을 상상하는 것은 동기 부여, 목표 명확화, 스트레스 감소, 자기 효능감 증진 등의 효과를 일으켜 현재의 행동을 긍정적으로 변화시키는 데 기여한다.

이러한 과정은 결국 도파민 디톡스를 성공적으로 이끌고, 더 만족스럽고 의미 있는 삶으로 나아가게 한다.

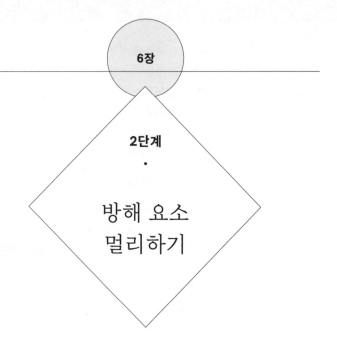

6장

2단계
·

방해 요소
멀리하기

1단계에서는 스스로를 돌아보며 내가 무엇에 중독되었는지를 파악하고 목표를 설정하는 시간을 가졌다.

2단계는 잠시 휴식을 취하는 단계라고 할 수 있다. 정말 편안하고 행복한 휴식을 말하는 게 아니다. 우리가 앞서 인지했던 문제 행동으로부터 의도적으로 거리를 두는 휴식을 목표로 한다. 이제 실질적인 변화를 시도할 차례다.

예를 들어, 도파민 디톡스 기간에 준용 씨는 스마트폰

사용을, 나리 씨는 야식을, 주리 씨는 쇼핑과 거리를 두는 것이다. 이 기간에 예상치 못한 장벽에 부딪힐 수도 있고, 불편한 감정을 경험할 수도 있다. 이 도전을 계속해야 할지, 그만둬야 할지 끊임없이 갈등하면서 자신과의 치열한 싸움이 계속될 것이다.

물론 중간 이탈자가 생길 수도 있다. 이 과정에서 중독 행위의 유혹을 어떻게 이겨 낼지가 핵심이다.

우리의 최종 목적은 도파민 수용체의 균형을 회복하고, 이를 통해 일상에서 만족감을 느끼며 자기 통제력을 강화하는 것이다. 건강한 생활 습관을 형성하고, 궁극적으로 더 나은 삶을 추구하는 데 있음을 기억하자.

지금부터 일상을 무너뜨리는 방해 요소로부터 멀어지는 여러 방법을 실천해 볼 것이다. 여기에 소개한 모든 방법을 실천할 수 있으면 가장 좋겠지만, 개인의 상황과 생활 패턴에 맞춰 가장 적합한 방법을 선택하여 일상에 적용해 보자.

step 1 의도적 거리 두기
— 몸이 멀어지면 마음도 멀어진다

중독에서 벗어나기 위한 첫 번째 방법은 의도적으로 방해 요소와 거리를 두는 것이다. 미국 국립 약물 남용 연구소 National Institute on Drug Abuse는 중독을 예방하는 가장 좋은 방법으로 해당 중독을 유발하는 자극이나 활동으로부터 거리를 두는 것을 강조한다. 이는 특정 상황, 감정, 장소, 사람 등 중독 행위를 다시 일으키게 만드는 중독 유발 요인, 즉 트리거를 최대한 멀리하라는 의미다.[1]

그러기 위해서는 트리거와 나 사이에 장애물을 설치해야 한다. 이러한 장애물을 설치하는 전략은 크게 세 가지로 나눌 수 있다. 첫째, 물리적으로 거리를 두어 공간에 변화를 주는 방법이다. 둘째, 중독을 유발하는 트리거와 관련된 모든 카테고리를 제한하는 것으로 중독 대상뿐 아니라 그 대상을 갈구하게 만드는 계기 자체를 금지하는 것이다. 셋째, 시간을 전략적으로 활용하는 것으로 집중력과 일의 효율성을 높이는 방법이다.

결과적으로 이러한 방법들은 우리의 충동을 억제하고, 건강한 생활 습관을 유지하는 데 기여한다. 이제 한 가지 방법씩 구체적으로 들여다보자.

물리적 거리 두기

방해 요소와 어떻게 물리적으로 멀어질 수 있을지를 고민하고 나와 중독 대상 사이에 장벽을 만드는 것이 물리적 거리 두기의 가장 기본적인 방법이다.

일반적으로 사람은 어떤 행동에 접근하기 어려울수록 그 행동을 할 가능성이 줄어든다. 예를 들어, 다이어트를 결심한 나리 씨가 냉장고에 간식을 가득 채워 놓는다면, 늦은 밤 배고플 때마다 쉽게 냉장고로 손을 뻗게 된다. 그러나 냉장고가 텅 비어 있다면, 그 유혹을 피할 수 있다. 실제로 음식에 접근하기 어려울수록 덜 먹게 된다는 연구 결과도 있다.[2]

우선 일상에서 큰 비중을 차지하는 공간, 즉 주 업무 공간을 중독 요소로부터 분리시키는 작업을 먼저 해 보자. 불필요한 물건은 치우고 책상에는 필요한 도구와 자료만 두는 것이다. 이때 자주 사용하는 물건은 손이 닿기 쉬운 곳에, 사용 횟수가 적은 물건은 서랍에 넣는 식으로 효율적인 작업 환경을 만들어 나가자.

이렇게 정리된 환경은 업무의 질을 높이고, 더 많은 성과를 낼 수 있게 해 준다. 또한, 마음을 안정시키고 스트레스를 줄이는 데도 도움이 된다. 반면 어지러운 환경은 우리의 마음을 어지럽히고 불안감을 증가시킬 수 있다.

평소 업무에 불필요한 물건을 잔뜩 쌓아 두고 일했던 준용 씨는 책상부터 정리했다. 일할 때 필요한 자료만 두고 작업 흐름에 따라 물건을 배치하면서 가장 신경 쓴 것은 스마트폰의 위치였다.

며칠 전 야근 때 스마트폰의 유혹에 크게 흔들렸던 게 떠올랐다. 그날은 준용 씨가 가장 좋아하는 유튜브 채널에서 프리미어리그 경기 중계 라이브 방송을 하는 날이었다. 심지어 가장 좋아하는 축구 선수가 출전하는 경기였다. 스마트폰을 꺼내 유튜브를 클릭하고 싶었지만, 야근 중이라는 사실을 스스로 계속 상기했다. 게다가 도파민 디톡스 기간 동안 직장에서 유튜브와 각종 커뮤니티에 들어가지 않기로 다짐했으니 참아야만 했다.

눈에 스마트폰이 보이면 자꾸 유튜브에 들어가고 싶어질 것 같아서 준용 씨는 회사에서 일할 때 스마트폰을 서랍에 넣어 두었다. 서랍이 준용 씨와 스마트폰 사이의 장벽이 되어 준 셈이다.

일차적으로는 이 방법을 쓰더라도 충동을 억제하기는 역부족일 수도 있다. 또 다른 방법으로는, 자주 사용하는 앱

도파민 밸런스

을 근무 시간만이라도 삭제하거나 비행기 모드로 전환하여 유혹을 줄일 수 있다. 혹은 이메일 확인 시간을 하루에 두세 번으로 정해 두고 그 외의 시간에는 알림을 꺼서 일에 집중할 수 있는 환경을 만들거나, 하루에 SNS 사용 시간을 제한하고 불필요한 계정을 정리하여 피드를 간소화하고 긍정적인 콘텐츠만 남기는 것도 좋은 방법이 될 수 있다. 마지막으로 주변 지인들에게 미리 양해를 구하는 것도 중요하다. "제가 00시부터 00시까지는 일 처리로 바쁘니, 답이 없어도 이해해 주세요"라고 명확하게 이야기해 보자.

범주적 차단하기

물리적 거리 두기가 특정 대상을 울타리나 방화벽 등 말 그대로 물리적인 장치나 구조를 활용하여 막는 것이라면 '범주적 차단하기'는 주로 심리학 및 정신의학에서 사용하는 개념으로 심리적이고 상황적인 측면을 고려하여 자극이나 행동을 제한하는 방법이다. 예를 들어, 단순히 특정 음식을 피하는 것을 넘어, 그 음식과 관련된 모든 것, 이를테면 음식을 먹고 싶게 만드는 광고나 상황까지도 피하는 방식이다.

이는 중독 행동을 유발하는 계기를 차단하는 매우 중요한 단계다. 실제로 우리가 물리적인 장벽을 둬도, 유혹의 충동 버튼을 누르게 하는 예상치 못한 요인이 주변에 너무도 많다.

야식 중독 나리 씨는 계획한 대로 수영을 잘 끝냈지만, 집에 들어서자마자 배고픔이 폭발했다. 수영 후 운동 겸 집까지 걸어 왔던 것이 화근이었다. 하필이면 먹자골목을 지나온 것이다. 치킨, 피자, 족발, 떡볶이⋯⋯. 마치 나리 씨만을 위한 세상이 펼쳐진 것처럼 느껴졌다. 집에 돌아와서도 음식들이 머릿속을 계속 맴돌았다.

나리 씨는 휴대전화 배경 화면에 띄워 놓은 '6킬로그램 빼기' 목표를 확인하며 다시금 마음을 다잡았다. 그때 한 가지 깨달음을 얻었다. 냉장고를 비워 두고 배달 앱만 지운다고 해서 자신이 야식에 대한 유혹을 완전히 피할 수 없다는 사실이다. 먹자골목을 지나온 것이 나리 씨의 식욕을 자극할 만한 트리거가 된 것이다.

이 유혹을 이겨 내기 위해 나리 씨는 일부러 TV를 켰다. 그런데 하필이면 오래된 맛집을 소개하는 프로그램이 방영 중이었다. 큰 돌판에서 지글지글 익어 가는 주꾸미 삼겹살은 너무도 먹음직스러워 보였다. 출연자가 음식을 맛있게 먹는 모습을 보자마자 나리 씨는 자신도 모르게 그 맛집이 어디인지 검색하고 있었다.

더군다나 남편의 회식 소식까지 듣게 되자 결국은 야식을 시키고 말았다. 야식의 유혹을 피하려 배달 앱을 지우고, 집에 항상 쌓아 두던 라면과 과자도 모두 치웠지만 TV 속 음식의 유혹은 강렬했다.

그날 새벽, 나리 씨는 크게 후회했다. 이후로는 운동 후에 먹자골목이 아닌 길로 돌아가거나, 일부러 뉴스 채널로 바꿔 놓은 다음 TV를 끄는 방식으로 자신의 주변 환경을 재정비하기 시작했다.

이처럼 범주적 차단하기는 자극 요소를 떠올리게 하는 모든 중독 유발 요인들을 하나씩 찾아내 차단하는 과정으로, 중독자에게는 매우 중요한 작업이다. 이를 통해 단순히 물리적인 거리 두기를 넘어, 심리적인 유혹에도 효과적으로 거리를 둘 수 있다.

효율적인 시간 관리법

미국의 작가이자 철학가인 헨리 데이비드 소로Henry David Thoreau는 "시간을 잘 관리하는 것이 인생을 잘 관리하는 것"이라고 말했다. 이처럼 시간은 우리가 소중히 여겨야 할 자원이다. 오늘날 우리는 정보의 홍수 속에서 매일 수많은 방해 요소와 씨름하고 있다.

도파민 디톡스 기간 동안 집중력을 유지하고 일의 효율성을 높이기 위한 전략적인 시간 관리법 두 가지를 소개한다.

I. 시간 블록 설정법

이 방법은 특정 작업을 수행하기 위해 하루 24시간을 블록처럼 나누고, 각 블록에 작업을 할당하는 시간 관리법으로 하루 또는 주 단위로 작업을 계획하여 작업마다 필요한 시간을 미리 설정함으로써 계획의 효율성을 높인다.

시간 블록을 설정하면, 정해진 시간에 계획한 일을 진행할 수 있어서 작업의 흐름이 끊기지 않고, 보다 체계적으로 시간을 관리할 수 있게 된다.

시간 블록 설정법 활용하기

1. 작업 목록 작성 하루 또는 주간에 수행해야 할 모든 작업을 목록으로 작성한다. 이때, 각 작업의 우선순위를 매기는 것이 중요하다.
2. 시간 예측 작업을 완료하는 데 걸리는 시간을 예측한다. 이 과정에서 각 작업의 복잡성과 소요 시간을 고려해야 한다.

3. 블록 설정 예측한 시간을 바탕으로 일정표에 블록을 설정한다. 작업 각각에 일정한 시간(30분, 1시간 등)을 할당한다.
4. 캘린더 활용 설정한 시간 블록을 캘린더나 일정 관리 앱에 기록하여 시각적으로 확인할 수 있도록 한다. 색상으로 구분하면 더욱 효과적이다.
5. 작업 수행 설정한 시간 블록에 따라 집중하여 작업을 수행한다. 정해진 시간 동안은 다른 일을 하지 않고 해당 작업에만 집중한다.
6. 정기적인 점검 작업이 끝난 후, 하루 또는 주간 단위로 시간을 어떻게 사용했는지 점검한다. 어떤 작업이 잘 진행되었고, 어떤 부분에서 개선이 필요한지 분석한다.
7. 조정 및 수정 점검 결과를 바탕으로 다음 일정에 반영할 수 있도록 작업 방식을 조정한다. 필요에 따라 블록의 시간 길이나 작업의 우선순위를 수정한다.

2. 포모도로 기법

포모도로pomodoro란 이탈리아어로 '토마토'를 의미하며, 이 이름은 프란체스코 치릴로Francesco Cirillo가 타이머로 사용했던 토마토 모양의 주방 타이머에서 유래되었다. 이 기법은 수행해야 하는 작업에 25분간 집중한 후 5분간 휴식하는 방식으로, 일정한 시간 단위가 반복되면서 집중력과 생산성을 높이는 데 도움을 준다.

특히 단기 집중력을 통해 작업의 효율성을 높이고자 하거나, 자주 휴식을 취해 정신적 피로를 줄이고 싶거나, 정해진 시간 안에 작업을 완료해야 하는 사람들에게 유리한 방식이다.

시간을 전략적으로 쓰지 않으면 비는 시간에 다시금 중독 행위로 돌아가기 쉽다. 꼭 위에서 소개한 이 두 방법이 아니더라도 자신에게 맞는 시간 관리법을 찾아 나가자.

포모도로 기법 활용하기

1. 작업 선택 수행할 작업을 정한다.
2. 타이머 설정 작업 집중 시간 25분을 타이머 설정한다.
3. 작업 실행 타이머가 울릴 때까지 방해 요소를 멀리한 채 집중한다.
4. 짧은 휴식 25분이 끝나면 5분간의 짧은 휴식을 취한다. 이 시간 동안에는 잠깐 스트레칭을 하거나 화장실에 다녀오는 등 환기할 수 있는 활동을 한다.
5. 반복 이 과정을 4번 반복한다. 4번째가 끝나면 15~30분의 긴 휴식을 취한다.

도파민 밸런스

step 2 상황 재설정
— 피할 수 없으면 즐겨라

공간과 시간, 그리고 다양한 요인들을 모두 차단했음에도 중독 행동에 대한 갈망은 매번 우리를 괴롭힐 것이다. 이럴 때마다 어떻게 견디고 대처해야 할까?

사실 도파민 디톡스는 우리의 뇌가 새로운 환경에 적응하는 여정이다. 일시적인 쾌감이 주는 자극을 차단하고, 내면의 평화를 찾는 이 과정은 단순한 금욕이 아니라 자신의 습관을 재조명하고 더 나은 삶으로 나아가기 위한 걸음이다.

당연히 처음에는 불편하고 어렵게 느껴질 수 있다. 하지만, 이 과정을 조금씩 즐기기 시작할 때 불편함에서 오는 스트레스는 줄어들 것이다. 이 여정을 좀 더 긍정적으로 실천할 수 있는 방법들을 알아보자.

부정을 긍정으로 바꾸는 리프레이밍

우리는 일상에서 부정적인 생각에 사로잡히기 쉽다. 특히 새로운 도전이나 어려운 상황에 직면했을 때 더 그렇다. 회사에서 잘 모르는 업무를 맡게 되었을 때, 처음에는 '망했다, 내가 못 하는 거잖아'라는 생각이 든다. 그러나 이 순간에 리프레이밍reframing을 시도하면 달라진다.

리프레이밍은 부정적인 생각이나 감정을 긍정적인 시각으로 바꾸는 과정으로, 우리가 상황을 어떻게 인식하느냐에 따라 우리의 감정과 반응이 달라진다는 원리를 기반으로 한다. 같은 상황이라도 인식을 달리하면, 그 상황에 대한 우리의 태도가 달라질 수 있다는 의미다.

앞의 부정적인 생각을 '어렵긴 해도 배우면 그만큼 성장하겠지. 모르는 걸 배울 수 있는 기회라고 생각하자.' 이런 식으로 바꾸는 것이다. 별것 아닌 것 같지만, 이렇게 하면 새로운 업무에 대한 두려움도 줄어들고, 배우고자 하는 의욕도 자연스레 생기게 된다.

쇼핑 중독인 주리 씨는 SNS를 보며 종종 남들과 자신을 비교하곤 했다. 그러면서 습관적으로 이런 말을 자주 했다.

"저 진짜 좋은 선생님이 되고 싶다는 마음 하나로 열심히 공부해서 임용고시도 한 번에 붙었고, 지금도 항상 어떻게 하면 아이들에게 좋은 선생님이 될 수 있을까 늘 고민해요. 그런데 이게 다 무슨 소용인가 싶어요. 다들 행복하게 잘 사는데 저는 쇼핑에 빠져서 빚이나 지고……."

도파민 밸런스

온라인 쇼핑을 하면서 휴대전화 사용량이 늘었고 자연스레 SNS에 들어가는 시간도 많아진 데다, 쇼핑하느라 진 빚 생각에 현실을 비관적으로 보게 된 영향도 있는 듯했다. 하지만 이러한 부정적인 생각은 도파민 디톡스를 더욱 힘들게 만들 뿐이다. 주리 씨의 이 말에 리프레이밍을 적용하면 어떻게 바뀔까?

리프레이밍 적용 1

▶ "저는 임용고시를 준비하면서 많은 것을 배웠고, 그 과정에서 성장했다고 생각해요. 열심히 하면 목표를 이룰 수 있다는 걸 직접 경험했으니 쇼핑 중독에서 벗어날 수 있겠죠?"

리프레이밍 적용 2

▶ "다른 건 몰라도 열심히 공부해서 선생님이 되고 지금도 늘 학생들에게 어떤 좋은 수업을 해 줄까 고민하고 있으니 이 정도면 저도 잘살고 있는 거겠죠? 다른 사람들과 저를 비교하지 않고, 성공한 사람들을 보고 자극받아서 쇼핑 끊기 성공할게요."

첫 번째 적용 사례는 자신의 노력으로 이루어 낸 것들에 긍정적인 시각을 가짐으로써 다른 사람들과의 비교에서 오는 스트레스를 줄이고 더 큰 자신감을 가지고 앞으로 나아가는 예다. 두 번째 적용 사례 역시 자신을 긍정적으로 바라보며, 다른 사람들의 멋진 모습을 자기 자신을 성장시킬 수 있는 동력으로 사용하려는 좋은 예다.

이처럼 리프레이밍은 단순히 생각을 바꾸는 것에서 그치지 않고, 상황을 새로운 시각에서 바라보고 더 나은 감정과 행동을 끌어내는 강력한 도구다. 부정적인 생각에 사로잡히게 되면 우리는 쉽게 포기하거나 실수에 대한 두려움에 빠져 더욱 힘든 상황에 부닥칠 수 있다.

그러나 리프레이밍을 통해 생각을 긍정적으로 전환하면, 문제를 더욱 적극적으로 해결하려는 의지가 생기고, 새로운 도전에 맞설 힘이 생기게 된다. 이는 우리의 사고방식을 변화시키고, 긍정적인 행동을 유도하여 삶의 질을 향상시킨다.

리프레이밍할 때 주의해야 할 점

1. 진정성 유지 단순히 긍정적인 말로 바꾸는 것만으로는 효과가 없다. 진정으로 긍정적인 감정을 느끼도록 노력해야 한다.

2. 상황 이해 리프레이밍을 적용하기 전에 상황을 충분히 이해하고, 그 상황에 대한 자신의 감정이 어떤 이유로 발생했는지를 살펴야 한다. 감정을 무시하거나 억누르지 않아야 한다.
3. 과도한 낙관주의 피하기 현실 가능성이 없는 부분까지 지나치게 긍정적으로만 생각하면 오히려 현실을 왜곡할 수 있다. 현실을 고려해야 한다.
4. 다양한 관점 수용 25분이 끝나면 5분간의 짧은 휴식을 취한다. 이 시간 동안에는 잠깐 스트레칭을 하거나 화장실에 다녀오는 등 환기할 수 있는 활동을 한다.

일상 재해석의 기술

"지금 행동하지 않으면, 나중에 후회하게 될 것이다." 살면서 한 번쯤은 이 말에 깊이 공감해 본 경험이 있을 것이다. 예를 들어, 계속 공부를 미루다 시험 기간 전날이 돼서야 부랴부랴 벼락치기 했을 때나, 건강 검진을 미뤄 큰 병을 발견한 뒤 후회하는 경우, 혹은 젊을 때 재정 관리를 소홀히 하다가 나중에 경제적 어려움에 맞닥뜨리는 일들이 그렇다. 이러한 상황들은 스트레스를 유발하고 회의를 느끼게 한다.

불편한 감정을 억누른 채 하기 싫은 일을 바로 실행하는 것은 절대 쉽지 않다. 억지로 하다 보면 일의 효율도 떨어질 수 있다. 평소 벼락치기 전문이거나 미루는 습관이 일상화된 사람들에게는 더욱 어렵다.

하지만 좌절하기에는 이르다. 힘들고 재미없는 일도 우리가 재미있고 하고 싶은 일로 재해석하면 어느 정도 즐겁게 해낼 수 있다. 즉, 나만의 방식을 만드는 것이다.

오랜만의 휴무를 앞둔 저녁, 어질러진 집이 나리 씨 눈에 들어왔다고 해 보자. 매일 밤 야식을 시켜 먹느라 청소는 뒷전이었던 데다가 야식 배달용 플라스틱 용기들이 한쪽에 쌓여 있어서 더 집이 지저분해 보인다. 하지만 일을 하고 와서 피곤한 상태로 또 일을 하기 싫다는 생각에 모른 척하고 휴무 기념 야식을 시킬까 고민한다. 그렇다고 배가 고픈 건 아니고 입이 심심한 정도인데 이걸 이겨 내지 못하면 안 된다는 생각이 든다.

그래서 생각을 바꿔 보기로 했다. 청소는 노동이 아니라 묵혔던 것을 치우고 털어 내는 활력 충전의 시간이라고 말이다. 그러면 어떻게 될까?

좋아하는 음악을 들으면서 청소하니 괜히 신이 나고, 휴무를 깨끗한 집에서 보낼 수 있게 된 것이 꽤 만족스럽다. 청소하면서 맘에 안 들던 가구 배치도 바꾸니 익숙한 집도 새롭게 느껴진다. 무엇보다 어차피 해야 했을 청소를 더 미루

도파민 밸런스

지 않고 했다는 점도 뿌듯하다.

이러한 경험이 반복되면 청소는 주리 씨에게 더 이상 지루하고 단조로운 노동이 아니라, 만족감을 주는 행위로 재해석될 수 있다. 실제로 청소하느라 야식 생각을 잠깐 잊었다는 것도 아주 좋은 현상이다!

우리의 일상을 어떻게 바라보느냐에 따라 모든 순간은 흥미로운 탐험이 될 수 있다. 하기 싫지만 해야 하는 일의 가치를 이해하고, 그 일을 해냈을 때의 결과를 상상하는 과정은 하루하루를 더 의미 있게 만들어 줄 것이다.

재미없고 하기 싫은 일 재해석하기

아래 질문들을 통해 일상에서의 일을 새로운 시각에서 바라보는 연습을 해 보자.

- 일상 업무 중 가장 하기 싫은 일은 무엇인가?
- 그 일을 새로운 방식으로 접근할 방법은 무엇인가?
- 그 일을 통해 배울 수 있는 새로운 기술이나 지식은 무엇인가?
- 그 일을 더 흥미롭게 만들기 위해 어떤 도구나 방법을 사용할 수 있는가?

- 그 일을 완료했을 때 얻을 수 있는 장기적인 보상은 무엇인가?
- 그 일을 다른 사람과 함께 할 때 더 재미있게 할 수 있는 방법은 무엇인가?
- 그 일을 통해 나의 목표나 꿈에 어떻게 더 가까워질 수 있는가?

지루한 일상을 재미있게 만드는 방법 5

일상에서 지루함을 덜어내고, 지속적인 동기 부여에 도움이 되는 다음 방법들을 도파민 디톡스 과정에도 적용해 볼 수 있다.

1. 게임화하기

- 적용 시점 새로운 습관을 형성하거나 반복적인 작업을 할 때
- 예시 업무 우선순위를 레벨로 나누고, 각 레벨을 클리어할 때마다 작은 보상을 준다. 일을 덜 지루하게 할 수 있다.

2. 단기 챌린지화하기

- 적용 시점 단기 목표를 설정하고 이를 달성하고자 할 때
- 예시 30분 동안 집중해서 일을 끝내는 것을 목표로 삼고, 성공하면 자신에게 작은 보상을 준다. 이렇게 하면 목표를 달성하는 재미를 느낄 수 있다.

도파민 밸런스

3. 음악과 함께하기

- 적용 시점 지루한 작업을 할 때나 에너지가 필요할 때
- 예시 좋아하는 음악을 들으면서 일을 하면 지루함을 덜 느 낄 수 있다. 특히 에너지가 넘치는 음악은 동기 부여를 높이 는 데 도움이 된다.

4. 친구와 함께하기

- 적용 시점 사회적 상호 작용이 필요한 활동이나 협력이 필요 한 작업을 할 때
- 예시 팀을 이뤄서 할 수 있는 동호회 활동이나 공모전에 참 여하면서 일상의 지루함을 덜고 성취감을 느낄 수 있다.

5. 새로운 방법 시도하기

- 적용 시점 반복적인 일상에서 벗어나고자 할 때
- 예시 새로운 공부 방법이나 새로운 운동 루틴을 시도하면 신 선함을 느낄 수 있다.

step 3 인내의 시간
—불편함을 참고 절제력 기르기

이제 앞에서 배운 전략들을 직접 적용해 볼 차례다. 스스 로 중독 행위를 끊고 '멈춤의 시간'을 맞이할 때라는 뜻이다.

"절제의 시간을 얼마나 가져야 될까요? 그 기간에 야식은 꿈도 못 꾸는 거잖아요."

나리 씨의 질문은 행동 통제력을 키우고 뇌의 항상성을 회복하는 데 시간이 얼마나 필요한가를 묻는 것과 같다.

이야기했듯 도파민 디톡스 기간은 개인의 중독 정도와 생활 방식, 목표 등에 따라 달라진다. 이 외에도 나이, 생물학적 특성, 유전적 특성에 따라서도 달라질 수 있다. 도파민 통상적인 수용체의 회복 기간(2주/1개월/3개월 이상)을 고려하여 개인의 성향과 상황에 맞게 조절하는 것이기에 정확한 기간을 이야기하긴 힘들다.

그렇다고 해서 SNS의 쇼츠가 주는 즉각적인 만족, 달고 짠 야식의 유혹, 쇼핑 앱에서 느끼는 충동구매의 짜릿함을 '평생' 완전히 끊어 내라는 뜻은 아니다. 그건 현실적이지도 않다. 적어도 균형이 깨진 도파민의 균형을 회복하고 스스로 조절할 수 있을 때까지는 중독 대상을 멀리하자는 것이다.

도파민 디톡스 기간 중 가장 힘든 순간이 바로 이 절제의 시간이다. 다이어트를 한다고 생각해 보자. 평소 자주 먹던 음식, 특히 일할 때 습관적으로 먹었던 달콤한 초콜릿이나 과자 같은 가공식품을 갑자기 끊으면 몸이 적응하는 데 시간이 필요하다. 이미 가공식품에 익숙해진 우리 몸이 다시 제자리로 돌아오는 건 하루아침에 되지 않는다. 지나친 도파민 분비로부터 균형을 되찾는 시간이 필요하다.

문제는 이때 우리의 뇌가 자극에 대한 보상을 갈망한다는 점이다. 이 과정에서 우리는 불안, 짜증, 집중력 저하, 우울, 식욕 부진, 무기력 등 다양한 금단 증상을 경험할 수 있다. 절제의 시간, 금단의 고통과 마주하여 뇌의 항상성을 되찾아야 한다. 분명한 것은 시간이 지날수록 우리의 몸이 새로운 상태에 적응하고, 도파민의 자극 없이도 안정된 상태를 찾게 된다는 점이다.

불편한 것은 당연하다

저녁 8시 이후 금식을 결심한 나리 씨는 금단 현상을 제대로 겪었다. 늦은 밤 TV 앞에서 먹는 야식은 단순한 음식이 아니라 스트레스를 잊게 해 주는 소중한 친구이자 동반자 같은 존재였다. 그런 야식이 주는 위안과 행복이 없다는 생각에 불안감과 공허함을 느낄 정도였다.

스마트폰 중독자인 준용 씨 역시 절제의 시간 동안 고비를 맞이했다. 호기롭게 도전했지만, 휴대전화가 버젓이 눈앞에 있는데도 보지 못하는 현실이 견디기 힘들었다. 특히 좋

아하는 유튜브 채널에 새로운 영상이 올라오는 날이나, 좋아
하는 축구 선수의 경기가 있는 날이면 더 그랬다. 그럴수록
준용 씨는 자신이 불편함을 느끼는 이유와 그때 드는 감정을
상세하게 파악하려고 노력했다. 유혹의 원인을 알면 대처 방
법과 전략을 세울 수 있다는 측면에서 좋은 자세다.

주리 씨 역시 자신이 어떤 상황일 때 불편함을 느끼고,
쇼핑의 유혹을 느끼는지 점점 명확하게 알아 가고 있다. 스
스로를 관찰하면서 언제 충동적인 행동이 나오는지, 문제 행
동을 포착하는 능력이 향상되면, 감정을 다스리는 능력도 함
께 발전할 것이다.

실제로 심리학에서는 불편함 때문에 도피하고 싶은 내
면의 욕구가 우리를 행동하게 만든다고 한다. 날씨가 더우면
더위에 대한 불편함을 느껴 걸쳤던 옷을 벗고, 에어컨이 가
동 중인 실내로 들어오면 추위를 느끼면서 벗었던 옷을 다시
입듯이, 이 행동들은 우리가 불편함을 인지했기 때문에 가능
한 행위라는 것이다.

절제의 시간은 단순히 무언가를 참는 것 이상의 의미를
지닌다. 디톡스를 방해하는 주요 자극원을 알아내고 자신의
행동 패턴을 이해하고 자기 통제력을 높일 수 있는 시간이자,
자극원에 대한 두려움을 줄이고 더 나은 결정을 내릴 수 있게

하는 기회의 시간이다.

디톡스 기간 내내 우리를 따라다닐 이 불편함을 계속해서 인지하는 것이 중요하다.

불편함을 구체적으로 파악하기

1. 절제 중 유혹에 흔들리는 이유 찾기

• 하기 싫음 어떤 활동이 불편하거나 싫어서 다른 자극을 찾는 경우
• 외로움 사회적 고립감이나 외로움을 느껴서 다른 활동으로 도피하는 경우
• 지루함 현재 하는 일이 지루하게 느껴져서 주의를 다른 곳으로 돌리는 경우
• 힘듦 정신적 또는 육체적으로 힘들 때 다른 대상을 통해 스트레스를 해소하려는 경우

2. 불편한 느낌과 감정 인지하기

• 불편한 감정을 느낀 시간과 상황은 언제였는가?
• 그때 어떤 방식으로 불편한 감정을 처리했는가?

도파민 디톡스
일지 쓰기

③

사회심리학자 대니얼 웨그너Daniel Wegner는 1980년대에 북극곰 실험을 진행했다. "북극곰을 생각하지 말라"는 말을 들은 실험 참가자들은 5분 동안 북극곰에 대해 생각하지 않으려 했지만, 평균적으로 1분에 한 번씩 북극곰을 떠올렸다고 한다.

이 실험에서 알 수 있는 것은 특정한 생각을 억제하려할수록 오히려 그 생각이 더 많이 떠오른다는 점이다. 즉, "생각하지 말라"는 지시가 역설적으로 그 생각을 더욱 의식하게 만든다.

이를 발판 삼아 절제하는 과정에서 떠오르는 것들을 무조건 억제할 게 아니라 디톡스 일지에 기록해 보자. 언제, 어떤 상황에서 불편한 감정이 밀려왔는지, 그때 기분이나 몸 상태가 어땠는지 자세히 기록할수록 좋다. 매일 기록하든 주에 한 번 기록하든 정해진 건 없다. 견디기 힘들다는 생각이 들 때, 디톡스 일지를 꺼내서 쓰면 된다.

도파민 디톡스
5일 차

스마트폰 사용을 줄이기로 결심했을 때 처음에는 자신만만했다. 하지만 모든 것은 나의 오만이었다.

이상하게 답답하고, 불안하고, 초조하다. 특히 야근하고 들어온 날이면 잠들기 전 스마트폰을 보지 않기로 한 약속을 지키는 게 너무 힘들다.

그래서 스스로에게 물었다. "뭐가 그렇게 불안하고 초조한데? 이 감정은 왜 생기는 거지?" 아마도 스마트폰을 보면서 나는 이 초조함과 불안함으로부터 눈을 돌리고 싶었던 걸지도 모르겠다.

도파민 디톡스
7일 차

즐겨 보는 재테크 유튜브가 업로드되는 날이나 손흥민 선수의 경기가 있는 날이면, 잠들기 전에 스마트폰을 보고 싶은 충동이 자꾸 생긴다. '중요한 정보를 나만 놓치는 게 아닐까?' 이런 생각이 불안감을 키우는 것 같다.

소모적이고 쓸데없는 생각이 꼬리에 꼬리를 물 때면 짜증과 예민함이 폭발한다. 언제쯤이면 이런 고민 없이 편하게 잠들 수 있을까?

도파민 디톡스
5일 차

밤마다 배고픔을 참는 것이 너무 힘들다. '왜 나만 이렇게 살아야 할까'라는 생각이 들 때면 비참함까지 느낀다. 콜센터 업무가 유독 많은 날에는 보상 심리로 야식 생각이 더욱 간절해진다.

매일 밤 '이 배고픔과 불면증에 대한 두려움은 어떻게 극복하지?'라고 스스로에게 묻곤 한다. 여전히 답을 찾지 못했다. 그냥 참을 뿐이다.

도파민 디톡스
10일 차

남편이 오늘 또 회식 때문에 늦게 들어온다고 했다. 신혼 내내 이랬다. 이런 날 야식의 유혹이 더 강렬해지는 이유는 무엇일까?

문득 궁금해진다. 나는 외로운 걸까? 배가 고픈 걸까? 언젠간 야식 없이도 편히 잠들 수 있기를 진심으로 바랄 뿐이다.

도파민 디톡스
3일 차

짜증, 불안, 허전함과 허탈함이 뒤섞인 것 같다. SNS에서 우연히 친구들의 일상을 보면 우울해지고, 내가 이룬 것이 없는 것 같아 초라하게 느껴진다.

그럴 때마다 온라인 쇼핑몰에 들어가 세일 상품을 사거나 신상품을 검색하는 것이 큰 즐거움이었는데, 이마저도 사라지니 삶이 무기력해진다.

하지만 더 이상 빚에 시달릴 수는 없다. 아이들을 가르치는 교사로서 개인 회생까지 가는 부끄러운 일은 만들지 말자.

도파민 디톡스
5일 차

○○ 부모님이 갑자기 학부모 면담 신청을 했다. 이번에는 또 어떤 말씀을 하실지 벌써 지치고 두렵다. 교사가 학부모 면담을 두려워하는 게 맞을까? 복합적인 감정이 뒤섞여서 쇼핑 충동을 더 크게 느끼는 것 같다.

며칠 전 찜해 뒀던 코트가 갑자기 사고 싶다. 불편한 감정의 도피처로 쇼핑을 찾는 이 악순환을 끊어 낼 수 있을까?

_____ 의 도파민 디톡스 일지   현재
과정   절제력 기르기

도파민 디톡스
_____ 일차

도파민 디톡스
_____ 일차

도파민 디톡스
_____ 일차

만족 지연 훈련

'마시멜로 실험'이라는 유명한 심리학 실험이 있다. 1972년 스탠퍼드대학교의 심리학자 월터 미셸Walter Mischel이 어린이들의 만족 지연 능력을 평가하기 위해 진행한 이 실험은 인내와 자기 통제력이 개인의 장기적인 성공에 미치는 영향을 탐구하는 중요한 사례로 자리 잡았다.

실험 참가자는 3~5세 사이의 어린이들이었고, 연구원은 아이들에게 마시멜로 하나를 준 뒤 방을 떠나며 자신이 돌아올 때까지 15분 동안 마시멜로를 먹지 않으면 추가로 하나를 더 받을 수 있다고 덧붙였다. 이 말은 들은 아이들이 마시멜로를 먹지 않고 기다리는지, 아니면 참지 못하고 먹는지를 관찰하는 것이 이 실험의 핵심이었다.[3]

결과는 흥미로웠다. 마시멜로를 기다린 아이들은 나중에 더 높은 학업 성취도와 사회적 성공을 이뤘다. 반면 즉시 마시멜로를 먹은 아이들은 상대적으로 낮은 성취도를 기록했다. 이는 만족 지연 능력이 개인의 미래에 긍정적인 영향을 미친다는 중요한 발견이었다.[4]

후속 연구에서는 이 결과가 경제적 배경과 가정 환경에 따라 달라질 수 있다는 점이 지적되었다. 더 안정된 환경에서 자란 아이들의 만족 지연 능력이 그렇지 않은 아이들보다 더 높다는 사실이 밝혀진 것이다. 이것은 자기 통제력이 단순히 개인의 특성이 아니라, 환경적 요인에도 크게 영향을 받는다는 것을 의미한다.[5]

마시멜로 실험은 결국 자기 통제력과 만족을 지연하는 능력이 개인의 장기적인 성공에 중요한 역할을 할 수 있음을 보여 준다. 인내와 자기 통제는 단순한 유혹을 넘어서, 더 나은 미래를 위한 필수적인 요소라는 교훈을 남긴 셈이다.

우리도 원하는 것을 얻기 위해서는 기다려야 될 때가 있다. 즉각적인 만족을 미루고 더 큰 보상을 위해 인내하는 능력을 기르는 과정을 만족 지연 훈련이라고 한다. 이 훈련을 할 때 우리 뇌의 전두엽이 핵심적인 역할을 한다. 전두엽은 뇌의 앞부분에 위치하며 자기 통제력, 계획, 감정 조절, 기억 등을 담당한다. 우리가 즉각적인 만족을 미루고 더 큰 보상을 추구하도록 조절하는 역할을 하는데, 전두엽이 활성화되면 유혹을 억제하고 장기적인 목표를 위해 기다리는 능력이 향상된다.

실제로 하버드대학교 에드워드 밴필드Edward C. Banfield 교수는 "우리 사회에서 가장 성공한 사람은 10년, 20년 후의 미래를 생각하는, 장기적인 전망을 하는 사람들"이라고 주장하며 '시간 전망time perspective'이 경제적, 개인적 성공의 가장 중요한 결정 요인이라고 강조했다. 그의 연구에 따르면, 최하층 사람들은 몇 분에서 몇 시간의 미래만을 고려하는 반면, 최상층 사람들은 몇 년 또는 몇십 년, 심지어 다음 세대까지 생각하는 미래지향적 사고를 한다는 것이다.[6]

이러한 차이는 성공 경로에 큰 영향을 미친다. 예를 들어, 경제적으로 성공한 사람들은 단기적인 소비를 자제하고 장기적인 투자에 집중하는 경향이 있다. 그들은 오늘의 작은 유혹을 이겨 내고 미래의 더 큰 재정적 안정성을 추구하는 반면, 주리 씨처럼 쇼핑 중독이라는 단기적인 만족, 즉 지금 눈앞의 기쁨을 추구하면 경제적 여유를 갖고 싶다는 장기적인 목표를 이루기 어려워진다.

물론 즉각적인 만족을 얻을 수 있는데 이를 지연한다는 것이 말처럼 쉽지 않다. 나리 씨는 디톡스 기간에 야식 충동을 참지 못해서 지웠던 배달 앱을 다시 내려받은 적이 있다. 준용 씨 역시 잠들기 전에 좋아하는 유튜브 채널을 클릭했다가 새벽까지 영상을 본 적이 있다. 굳게 마음을 먹더라도, 이들처럼 유혹에 흔들릴 때가 분명히 있을 것이다.

하지만 명심해야 할 점은 그 충동은 일시적이라는 것이다. 충동이 생길 때마다 '이 또한 지나가리라'라는 마음가짐을 가져 보자. 충동은 무한정 지속되지 않으며 지금 눈앞의 만족을 지연할수록 나중에 얻을 도파민 디톡스 성공의 만족은 더 커질 것이다. 그러니 디톡스 기간 내내 인내심을 기르는 연습을 반복하자.

2단계
방해 요소 멀리하기

step 1
의도적 거리 두기: 몸이 멀어지면 마음도 멀어진다

- **물리적 거리 두기**: 중독 요소와의 물리적 거리를 두어 환경을 재설계한다.
- **범주적 차단하기**: 심리적, 상황적 측면에서 중독을 유발하는 계기를 제거한다.
- **효율성을 높이는 시간 관리법 두 가지**
① **시간 블록 설정**: 특정 시간 동안 집중할 작업을 블록 설정해 놓는다.
② **포모도로 기법**: 일정 시간을 집중하고 짧은 휴식을 반복하여 효율성을 높인다.

step 2
상황 재설정: 피할 수 없으면 즐겨라

- **부정을 긍정으로 바꾸는 리프레이밍**: 부정적인 생각이나 감정을 긍정적인 시각으로 전환하는 과정이다.
- **일상 재해석의 기술**: 힘든 일을 긍정적으로 재해석하여 즐겁게 수행하는 방법이다.

step 3
인내의 시간: 불편함을 참고 절제력 기르기

- **불편함 찾기**: 어떤 것에 불편함을 느끼는지 계속 인식하면서 불편할 때의 상황과 느낌을 기록해 스스로 행동 패턴을 이해한다.
- **만족 지연 훈련**: 즉각적인 보상을 미루고 더 큰 목표를 위해 자제력을 기르는 훈련이다.

7장

3단계
·

노력에 대한
보상받기

지금까지 불편한 감정을 다스리고 절제하며 인내해 왔다면, 만족을 지연시켰으니 이제 '보상'이 있을 차례다. 물론 아직까지 도파민 디톡스를 완벽히 완료했다고 보긴 힘들지만, 이 고된 여정을 지금까지 잘해 왔다면 이 시점에서 보상을 받을 충분한 자격이 있다.

도파민 디톡스 과정에서 보상은 뇌의 도파민 분비를 촉진하여 더 큰 목표로 나아가게 하는 원동력이 된다. 보상을 받으면 성취감을 느끼게 되고, 그렇게 생긴 자신감은 올바른 습관을 형성하는 것을 돕는다.

절제의 시간을 잘 견뎌온 도파민 디톡스 동반자들은 어떤 보상을 원했을까?

step 1 보상의 종류
— 어떤 보상을 고를 것인가

"보상이요? 갖고 싶은 건 얼마 전에 본 그 겨울 코트인데⋯⋯. 아! 눈여겨 본 목걸이도 있어요."

"보상으로 큰 걸 바란 적은 없어요. 그냥 치맥(치킨과 맥주)이나 피맥(피자와 맥주), 소곱(소주에 곱창)⋯⋯ 이런 건 안 되겠죠?"

"손흥민 선수 경기를 직관하고 싶어요. 표를 구할 수 있을지 모르겠어요. 매번 영상으로만 봐서 실제로 보고 싶은데, 이런 것도 보상에 해당할까요?"

이제 답변만 봐도, 누가 어떤 말을 했는지 짐작이 될 것이다. 어떤 보상을 원하냐는 물음에 주리 씨와 나리 씨, 준용 씨 순으로 답한 내용이다.

도파민 디톡스에 도전하는 사람 중 많은 이가 준용 씨처럼 보상 설정을 두고 고민한다. 누군가가 이미 정한 보상을 수동적으로 받는 게 아니라, 자기 자신에게 주는 보상을 선택할 수 있다는 점이 낯설기도 할 것이다. 과연 어떤 보상을 어떤 식으로 줘야 할까?

먼저 보상의 종류부터 알아보자. 우리가 설정할 수 있는 보상은 다양한 형태로 나뉜다. 그중에서도 대표적으로는 물질적 보상, 경험적 보상, 감정적 보상을 꼽을 수 있다.

물질적 보상은 우리가 손에 쥘 수 있는 구체적인 형태가 있는 것으로, 자신이 좋아하는 음식이나 소소한 선물처럼 직접적인 기쁨을 줄 수 있는 것들이다. 이러한 보상은 작은 성공을 기념하고, 동기를 부여하는 중요한 역할을 한다.

다음으로 경험적 보상은 새로운 자극을 제공하는 보상을 말한다. 여행이나 영화, 뮤지컬 관람부터 평소 쉽게 체험할 수 없는 번지 점프나 수상스키 같은 특별한 경험을 통해 자신에게 보상하는 방법으로, 일상을 벗어난 재충전의 기회를 제공한다.

마지막으로 감정적 보상은 표현해 주는 말을 통해서, 혹은 마음으로 느껴지는 응원 같은 무형의 것들이다. 때로는 물질적인 것보다 훨씬 더 큰 삶의 원동력이 된다.

보상의 종류와 효과

1. 물질적 보상

• 음식 좋아하는 음식 혹은 디저트를 먹으며 기분 전환을 할 수 있다.

• 갖고 싶은 선물 자신이 원하는 것을 사는 것으로 만족감을 얻을 수 있다.

• 특별한 외식 가고 싶었지만 평소엔 가지 못했던 특별한 곳에서 맛있는 음식을 먹으며 행복을 느낄 수 있다.

2. 경험적 보상

• 취미 활동 좋아하는 취미를 즐기며 스트레스를 해소할 수 있다.

• 여행 일상을 벗어나 어디론가 여행을 가면 새로운 자극을 느낄 수 있다.

• 온천 혹은 마사지 몸과 마음을 재충전할 수 있다.

3. 감정적 보상

• 자기 격려 자기 자신에게 긍정적인 말을 해 주며 자신감과 자존감을 높일 수 있다.

- 일기 쓰기 목표에 대한 감정을 기록함으로써 성장을 눈으로 확인할 수 있다.
- 칭찬받기 친구나 가족에게 성과를 이야기하고 칭찬을 들으면 기분이 좋아지고 동기 부여를 받을 수 있다.

4. 사회적 보상
- 축하 파티 친구들과 함께 목표 달성을 축하하는 것으로 소속감과 안정감을 느낄 수 있다.
- 커뮤니티 참여 같은 목표를 가진 사람들과 경험을 나누면 동기 부여가 된다.

5. 지식적 보상
- 온라인 강좌 수강 관심 있는 분야의 강좌를 들으며 지식을 넓힐 수 있다.
- 책 읽기 새로운 주제에 관한 책을 읽으며 자기 계발에 도움을 얻는다.
- 세미나, 워크숍 참여 흥미 있는 주제의 모임에 참석하고, 새로운 사람을 만남으로써 호기심을 자극할 수 있다.

step 2 맞춤 보상 설정
— 내가 나에게 주고 싶은 것

개인의 필요와 취향, 성향에 따라 원하는 보상의 형태는

도파민 밸런스

다 다를 것이다. 주리 씨는 쇼핑 중독을 극복하기 위해 충동구매를 줄이는 목표를 세웠고, 한 주 동안 불필요한 쇼핑을 하지 않았을 때 자신이 좋아하는 유명한 카페의 시그니처 커피와 달콤한 수제 디저트를 만끽하는 시간을 가졌다. 쿠싱증후군을 진단받은 이후 건강 관리 차원에서 당분 섭취를 제한했던 주리 씨에게 이 작은 보상은 쇼핑 중독을 극복하는 데 큰 힘이 되었다.

스마트폰 사용 시간을 줄이기 위해 도파민 디톡스를 시작한 준용 씨는 자신이 설정한 목표를 한 달간 잘 지켰을 때 친구들과 함께 휴가 날짜를 맞춰 프리미어리그를 직관하기로 했다. 일주일간 영국 여행 겸 토트넘 홋스퍼 경기를 직관하는 일석이조의 보상법을 선택한 것이다.

준용 씨의 보상이 물질적 보상(경기 티켓)과 경험적 보상(여행) 두 가지를 혼합했듯이 보상의 종류가 꼭 한 가지여야 하는 것은 아니다. 이렇게 혼합될 수 있지만, 그렇다고 한 번에 여러 개의 보상을 받을 수는 없다는 것을 기억하자.

야식 중독이던 나리 씨는 어떤 보상을 설정했을까? 2주간 야식을 12회 이상 참으면 그 주 주말에 남편과 함께 분위기 좋은 맛집에서 데이트 겸 외식을 하기로 했다. 남편의 칭찬은 나리 씨에게 감정적인 보상이 되었고 다음 한 주간 야식을 참는 데 큰 힘이 되었다고 한다. 또한 외식은 맛있는 음식을 좋아하는 나리 씨에게 물질적 보상이자 경험적 보상이기도 하다.

step 3 보상 크기 조절
— 밥그릇에 맞는 양으로

마지막 과정은 보상의 크기를 조절하는 것이다. 즉, 단기 목표와 장기 목표를 구분하고 그에 따라 보상의 크기를 정해야 한다.

예를 들어, 일주일 동안의 목표를 달성했다면 같은 물질적 보상이라 해도 작고 소소한 것을 주고, 장기 목표를 달성했을 때 여행 같은 큰 선물을 주는 식이다. 이해하기 쉽게 밥그릇에 맞는 밥의 양이 있다는 것을 기억하자.

도파민 디톡스 여정은 단기로 끝날 수도 있고, 장기전이 될 수도 있다. 만약 자신이 장기적인 목표를 설정했다면, 지속적인 보상을 통해 계속 성장할 수 있는 환경을 조성하는 게 중요하다. 단기로 설정했다 하더라도 작은 보상에 이어 큰 보상을 염두에 둔다면 장기적인 관점에서 도파민 디톡스를 성공적으로 해낼 확률이 크다.

이 과정에서 자신이 설정한 목표를 주기적으로 점검하고, 도파민 디톡스 일지에 성과를 기록하여 변화를 눈으로 확인하는 것이 좋다.

나에게 꼭 맞는 보상을 설정함으로써 삶의 질을 높이고 긍정적인 행동 변화를 끌어 내 보길 바란다.

물론 누구나 실패할 수 있다. 성공했을 때 보상을 받고 실패했을 때 벌을 받는 것이 아니라, 의지를 발휘해 실패를 긍정적인 방향으로 전환하고자 노력하는 것이 중요하다.

실패하더라도 지속적으로 성장할 수 있는 기회를 만들어 나가는 것이 우선이다. 실패는 성장의 한 부분임을 잊지 말자.

3단계
노력에 대한 보상받기

step 1
보상의 종류: 어떤 보상을 고를 것인가

- 보상의 세 가지 종류
① **물질적 보상**: 좋아하는 간식, 소소한 선물, 혹은 새로운 책과 같은 실제로 손에 쥐고 느낄 수 있는 형태를 말한다.
② **경험적 보상**: 특별한 경험을 통해 얻는 기쁨으로, 여행, 콘서트, 또는 친구와의 외식 등이 있다.
③ **감정적 보상**: 성취감이나 자아 존중감을 높여 주는 심리적인 만족으로, 목표 달성 후 느끼는 긍정적인 감정이 이에 해당한다.

step 2
맞춤 보상 설정: 내가 나에게 주고 싶은 것

여러 보상의 종류 중 개인의 취향과 성향, 필요에 따라 맞춤 보상을 설정할 수 있다. 이때 보상의 종류가 혼합된 형태일 수도 있지만, 한 번에 여러 개의 보상은 불가능하다.

step 3
보상 크기 조절: 밥그릇에 맞는 양으로

단기 목표는 작은 보상으로, 장기 목표는 큰 보상으로 보상의 크기를 조절한다. 무엇보다 보상을 통한 지속적인 동기 부여를 제공하는 것이 중요하다.

도파민 디톡스 3단계
여정의 결과

○

우리는 지금까지 도파민에 왜 중독되는지, 중독된 뇌를 어떻게 되돌리는지, 올바른 도파민 디톡스 방법에 대해 함께 살펴보았다. 도파민 디톡스 3단계까지 잘 따라와 준 독자 여러분께 진심 어린 박수를 보낸다. 이 여정은 단순히 도파민의 과도한 분비를 유발하는 행위를 줄이는 것이 아니라, 우리 삶의 진정한 가치와 의미를 되찾는 과정임을 기억하길 바란다.

그렇다면 도파민 디톡스의 여정을 함께해 온 스마트폰 중독 준용 씨, 야식 중독 나리 씨, 쇼핑 중독 주리 씨의 삶에는 어떠한 변화가 일어났을까? 이들은 과연 도파민 디톡스 여정을 성공적으로 마무리했을까?

"교수님, 저 영국행 티켓 끊었어요! 8월에 친구들이랑 여행 가서 토트넘 경기 직관하려고요."

당뇨병 환자이자 스마트폰 중독자였던 준용 씨는 한 달간의 도전을 마쳤을 때 몰라보게 달라져 있었다. 안색이 환해졌고, 무엇보다 자신감이 넘쳐흘렀다. 체지방도 한 달 동안 3킬로그램 정도 감량했다. 당뇨 관리도 잘해서 혈당 수치가 안정적이고, 혈당 조절에도 성공했다.

준용 씨는 도파민 디톡스 초기에는 스마트폰 없이 지내는 게 힘들었지만, 그 시간을 독서와 러닝 등 새로운 취미 생활로 대체했다고 말했다. 또한, 스마트폰 사용 시간을 조절하면서 회사 동료들과도 더 많이 소통하게 되었다고 한다. 요즘엔 주변 사람들에게 도파민 디톡스의 중요성을 알리는 전파자가 되었다는 기쁜 소식도 덧붙였다. 이 경험이 삶의 전환점이 되길 바라며 앞으로 더 많은 긍정적인 경험을 쌓아가기를 응원한다.

쇼핑 중독자이자 쿠싱증후군 환자인 주리 씨는 어떨까?

"아직 멀었죠. 빚이 짧은 시간 안에 없어지는 건 아니더라고요. 저는 6개월 더 도전해 보려고요."

주리 씨는 여전히 빚 때문에 어려움을 겪고 있었지만 쇼핑 의존도를 줄이고, 동호회 활동을 하며 스트레스를 해소하고 있었다. 소액이긴 하지만 점차 빚도 갚아 나가고 있는 중이라고 했다.

또한 심리 상담가의 도움을 받으면서, 학부모 면담은 피할 수 없는 일이라는 것을 인정하게 되었고 그나마 마음이 가벼워졌다고 했다.

마지막으로 고지혈증 환자이자 야식 중독자였던 나리 씨의 상황은 어떨까?

"전 완전히 계획 실패에요. 교수님, 저 어떡해요?"

말과는 달리 나리 씨의 얼굴에는 웃음꽃이 폈다. 한 달에 2킬로그램 감량을 목표로 잡았지만 3개월 만에 무려 10킬로그램을 감량한 것이다. 애초의 계획보다 훨씬 더 좋은 결과를 냈다는 의미의 '계획 실패'였다.

나리 씨가 도파민 디톡스에 도전한다고 했을 때 잘 해낼 수 있을지 내심 걱정했었다. 하지만 그녀가 보여 준 약 90일의 변화는 놀라웠다. 물론 야식의 유혹에 무너진 날도 있었지만, 그럴 때마다 나리 씨는 도파민 디톡스 일지를 쓰며 반성의 시간을 가졌고, 남편의 격려로 큰 힘을 얻었다.

고비의 순간도 많았지만, 나리 씨는 주변의 유혹 요소를 하나씩 제거하며 건강한 식습관을 형성했다. 수영과 걷기 운동, 남편과의 산책 등 다양한 활동이 고지혈증 극복에 큰 도움이 되었다고 한다. 그 결과, 중성 지방 수치는 400mg/dL에서 200mg/dL로 감소하며 크게 개선됐다.

가장 큰 변화 요인은 스트레스의 근원이었던 직장을 옮기면서 야식 스트레스와 의존도가 줄었고, 불면증도 많이 개선되었다고 한다. 나리 씨는 도파민 디톡스를 2개월 더 이어 가겠다고 했다. 비만과 고지혈증을 완전히 극복하겠다는 의지에서 비롯된 결심이었다. 나리 씨가 앞으로도 건강한 삶을 유지하기 위해 꾸준히 노력할 것이라고 믿어 의심치 않는다.

이렇게 세 사람 모두 중독 문제를 인지하고, 중독 요인으로부터 멀어진 다음 인내의 시간을 거쳐 더욱 건강한 삶을 향해 나아가고 있다. 그들의 변화는 앞으로도 계속될 것이다.

혹시 아직도 도파민 디톡스를 망설이고 있다면, 지금이라도 도파민 디톡스 일지를 준비하고 1단계부터 차근차근 시도해 보자. 꼭 앞의 세 사례자의 디톡스 일지 예시를 따라야 하는 건 아니다. 변화의 과정을 기록하는 것이라면 어떤 방식이든 좋다.

변화가 눈에 잘 들어오게, 동기 부여가 되는 자신만의 방식을 찾는 것이 중요하다. 매일 쓰는 일기를 대신해 디톡스 일지를 일기처럼 써 보는 것도 좋다.

호르몬의 노예가 아닌 호르몬의 주인 되기, 아직 늦지 않았다.

나만의 디톡스 일지를 쓰고 싶은데 어떤 것 위주로 써야 할지 잘 모르겠다면 아래의 내용들을 참고해서 써 보자.

---

1. 목표 확인 오늘, 지금 현재 이루고자 하는 미래의 목표는 무엇이며 이를 위해 어떤 노력을 하고 있는가?

2. 유혹 인식 오늘 느낀 유혹은 무엇이며 그 유혹에 어떻게 반응했는가?

3. 대처 방법 유혹을 느꼈을 때 어떤 방법으로 대처했으며 그 방법은 효과적이었는가?

4. 기분 변화 유혹을 이겨 냈거나 혹은 유혹에 굴복했을 때 어떤 기분을 느꼈는가?

5. 작은 성공 오늘 이룬 작은 성공은 무엇이며 그 성공이 목표에 어떻게 도움이 되었는가?

6. 자기반성 오늘의 경험을 통해 배운 것은 무엇이며 다음에는 어떻게 행동할 것인가?

7. 자기 격려 오늘 스스로에게 어떤 격려의 말을 해 주고 싶은가?

3부

삶의 균형을
찾는
습관들

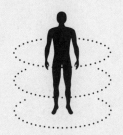

DOPAMINE·BALANCE

8장

운동
·
건강한
삶을 위한
첫걸음

드디어 끝났나 싶겠지만, 끝날 때까지 끝난 게 아니다. 도파민 디톡스 3단계를 완료했다고 해서 안심하긴 이르다. 세상에는 다양한 자극이 언제나 우리를 중독의 구렁텅이로 몰아넣을 기회만을 노리고 있으니까.

유혹을 원천 차단할 수 없다면, 자기 통제력을 회복하기 위한 긍정적인 대체 활동을 꾸준히 습관화하는 것이 무엇보다 중요하다. 험난한 산을 처음 오를 때는 무척 힘들고 시간도 오래 걸리지만, 습관처럼 꾸준히 오르다 보면 전보다 훨씬 수월하게 오를 수 있듯이 말이다. 게다가 자기만의 등산 노하우가 생길지도 모른다.

우리는 도파민 디톡스라는 산을 오르는 중이다. 이 산은 운동, 식사, 수면, 스트레스 관리라는 네 개의 봉우리로 이루어져 있다. 각 봉우리의 역할과 중요성을 알면, 도파민 균형을 되찾는 습관 형성에 유리하다.

도파민 디톡스 산의 첫 번째 봉우리는 '운동'이다. 규칙적인 운동은 도파민 분비를 조절하고 우울한 기분을 개선하는 데 탁월한 효과를 발휘한다. 도파민의 균형을 회복하는 것은 몸과 마음의 균형을 회복하는 것과 다르지 않다. 그런 면에서 운동은 스트레스를 해소하고 신체와 정신을 건강한 상태로 되돌려 주는 아주 중요한 열쇠다.

지금부터 건강한 삶을 위한 다양한 운동의 종류와 효과를 알아보자.

심박수를 높이는 유산소 운동

유산소 운동은 도파민 디톡스 과정에서 몸과 마음을 건

강하게 유지하고 긍정적인 정서를 증진하는 데 여러 측면에서 매우 효과적이다.

심박수를 높여 혈액 순환을 개선하므로 뇌에 산소와 영양분을 더 많이 공급하고, 세로토닌 같은 긍정적인 호르몬의 분비를 촉진한다.

또한 꾸준한 고강도 유산소 운동은 엔도르핀endorphin과 같은 천연 진통제를 분비하여 스트레스와 불안을 감소시켜 기분을 좋게 만드는 효과가 있다.

도파민 수용체의 균형을 회복하는 데 큰 영향을 미치는 유산소 운동은 도파민 디톡스 기간뿐만 아니라 그 이후로도 필수적으로 권장하는 운동 중 하나다. 우리가 일상에서 실천할 수 있는 대표적인 유산소 운동에는 어떤 게 있을까?

걷기

아침에 공원을 걷거나 점심시간에 회사 주변을 산책해 보자. 이왕이면 초록빛의 자연을 느낄 수 있는 곳이라면 더 좋다.

그리고 햇볕이 있는 시간대에 걷는 것을 추천한다. 비타민 D의 합성은 세로토닌과 멜라토닌melatonin 분비에도 긍정적인 영향을 주어 심리적 안정감을 높여 준다.

아침이나 낮 산책이 어렵다면 저녁 식사 후에라도 가볍게 동네를 걸어 보자. 나 역시 매일 점심시간에 걷는데, 부득이하게 점심 때 산책을 못하는 상황이라면 저녁에라도 꼭 걸으려고 노력한다.

아래의 내용을 참고하여 유용한 걷기 운동을 매일 실천해 보자.

* **규칙적인 일정 만들기**: 특정 시간에 걷는 것이 중요하다. 예를 들어, 점심 식사 후나 저녁 식사 후에 걷는 것이다. 매일 같은 시간에 걷는 습관을 들이면 몸은 그 시간을 '걷는 시간'으로 인식하게 되고 그 시간이 되면 자연스레 운동할 수 있는 상태로 이끌어 준다.

* **목적지 설정하기**: 특정한 장소를 목표로 걷는다면 목적지가 있으니 동기 부여가 생기고, 걷는 동안 즐거움이 더욱 커질 것이다. 목적지를 정할 때 가까운 공원이나 카페 등을 목적지로 삼는 것도 좋다.

* **심호흡하기**: 걷는 동안 심호흡을 잘하는 것도 매우 중요하다. 걷기 시작할 때 숨을 깊게 들이마시고, 4초 동안 유지한 후 6초 동안 천천히 내쉬는 방식으로 심호흡을 해 보자. 그러면 산소 공급이 증가하고, 심박수가

도파민 밸런스

안정되면서 세로토닌과 엔도르핀의 분비를 촉진한다. 곧 마음이 가라앉고 스트레스를 줄이는 효과를 느낄 수 있다.

* **함께 걷기**: 친구나 가족, 동료들과 함께 걸으면서 대화를 나누면 혼자 걸을 때보다 덜 지루하다. 또한 서로에게 동기 부여가 되면서 지속적인 운동이 가능해진다.

* **간단한 목표 설정하기**: 걸을 때 간단한 목표를 설정해 보자. 하루에 20분 걷기 또는 5000보, 1만 보 걷기를 목표로 정하고 점차 걸음 수를 늘려 가는 방식으로 성취감을 느껴 보자. 실제로 내가 진료한 당뇨병 환자 한 분은 6개월 동안 '하루 1만 보 이상 걷기'를 실천하면서 건강을 되찾고, 만보기 앱을 통해 모은 포인트로 종종 점심시간에 아메리카노를 사 마셨다는 이야기를 들었다. 최근에는 목표한 걸음 수에 도달하면 현금이나 포인트로 보상하는 다양한 만보기 앱이 늘고 있는 만큼, 이러한 장치들을 활용하는 것도 좋은 방법이 될 수 있다. 단, 스마트폰 중독이 고민인 사람에게는 앱으로 하는 활동은 추천하지 않는다.

계단 오르기

짧은 시간 안에 심박수와 호흡을 증가시켜 심장과 폐의 기능을 강화하고 도파민 분비를 촉진하는데 좋은 운동이다. 중력에 반하는 원리로, 근력과 지구력을 키우는 데 효과적이며 특히 허벅지와 종아리 근육을 강화하는 데 좋다. 또한 뼈를 자극해 골밀도를 높여 골다공증 예방에도 도움이 된다. 그래서 당뇨병 환자나 체중 관리가 필요한 분들에게 적극적으로 권장하는 운동이기도 하다.

무엇보다 접근성이 좋다는 게 가장 큰 장점이다. 집 계단, 지하철역 계단, 회사 계단 등 걷기와 함께 일상에서 실천하기에 가장 적합한 운동이다.

오늘부터 엘리베이터 대신 계단을 이용해 보는 건 어떨까? 처음부터 너무 많은 계단을 오르면 무릎에 무리가 갈 수도 있으니 자신의 체력 수준을 점검하며 조금씩 운동량을 늘리는 게 좋다. 조금씩 꾸준히 하는 게 가장 중요하다. 눈앞에 편리한 엘리베이터나 에스컬레이터가 보여도 외면하자. 계단을 오르며 더 활기찬 일상을 누리길 바란다.

달리기

긍정적인 방향으로 도파민을 분비할 수 있게 해 주는 효과적인 운동이다. 저녁에 집 근처 트랙이나 자주 가는 산책로에서 달려 보자.

갑자기 무리해서 달리면 옆구리나 다리 쪽에 통증이 올 수 있으므로 충분한 준비 운동 후에 달려야 하며 통증이 오면 즉시 멈추고 몸 상태를 살펴야 한다. 주 1~2회, 짧게는 10분부터 시작해 점차 20분, 30분, 이런 식으로 시간을 늘려 가는 게 몸에 부담이 적다.

꾸준히 달리다 보면 몸은 물론, 정신까지 맑아지고 건강해지는 것을 나날이 느낄 수 있을 것이다.

혹시 의지력이 약하다면, 주말에 친구와 함께 달리거나 러닝 모임에 참여하는 것도 좋은 방법이다. 어느 정도 달리는 것에 익숙해졌다면 마라톤에 참가할 수도 있다. 조금 더 장기적인 목표를 향해 나아가면서 성취감을 얻는 것이다.

도파민 디톡스 기간에 상황을 긍정적으로 재해석하는 기술이 필요한 시간에 달리기로 단련된 정신이 큰 도움이 될 것이다.

자전거 타기

하체 근력을 강화하고 심폐 기능을 향상하며 지방을 태워 혈당과 혈압을 낮추는 데 효과적이다. 달리기나 걷기보다 더 먼 거리를 이동할 수 있어 자연을 다양하게 만끽할 수 있는 매력도 있다. 그러면 우리 뇌는 자전거 타기를 즐거운 활동으로 인식하고, 새로운 경로를 탐험하는 재미도 느낄 수 있다.

주말에 자전거를 타고 강변을 따라 달려 보는 건 어떨까? 혹은 출퇴근 시 자전거를 이용해 보자. 건강도 챙기면서 색다른 쾌감을 얻을 수 있을 것이다.

외부 저항을 이용해 근육을 강화하는 저항 운동

저항 운동은 근육을 강화하고 발달시키기 위해 외부의 저항을 이용하는 운동으로, 신체의 전반적인 건강 증진에 매우 효과적이다.

근육에 자극을 줘서 신체가 적응하게 만드는 이 과정을 주 2~3회, 30분~1시간 정도 꾸준히 실시하면 근육량이 증가해 기초 대사율이 높아진다. 그래서 체중 관리가 필요한 사람들에게 필수로 추천하는 운동이다.

저항 운동을 할 때 분비되는 세로토닌과 엔도르핀 같은 행복 호르몬이 기분을 좋아지게 하고 스트레스를 완화하는 데 도움을 준다.

유산소 운동과 저항 운동을 적절하게 섞어서 병행하면 시너지 효과를 내면서 도파민 디톡스 효과를 극대화할 수 있다.

대표적인 저항 운동에는 무엇이 있을까?

웨이트트레이닝(근력 운동)

진료하다 보면 나이 드신 분들이 가장 걱정하는 게 바로 '근육 감소'다. 실제로 근육이 빠지면 거동이 불편해지고 대사질환 관련 문제들도 많이 생긴다. 이때, 근육을 강화하고 발달시키기 위해 다양한 저항을 사용하는 웨이트 트레이닝이 필요하다.

우리가 근육량을 보존하기 위해서는 일주일에 최소 2회 주요 근육군(가슴, 등, 팔, 복부, 다리, 어깨)을 고르게 단련하는 것이 좋다. 그러나 각 근육군을 따로 단련하려면 많은 시간과 노력이 필요하다.

시간을 내서 헬스장에 가지 않고도 일상에서 필수적으로 근력 운동을 해야 한다면, 나는 다른 곳은 다 제쳐 두더라도 우리 몸의 가장 큰 근육인 허벅지 근육을 강화할 것을 권한다. 허벅지 근육만 열심히 키워도 골밀도를 높이고, 노화로 인한 근육 감소를 방지하는 성장 호르몬의 분비를 도울 수 있다.

또한, 하체 근육에서 분비되는 아이리신irisin 호르몬은 나쁜 지방을 좋은 지방으로 변환시켜 비만, 고혈압 등 대사 증후군을 예방하는 데 효과적이다. 모든 대사증후군은 사실상 뱃살과 허벅지 근육의 싸움이라 해도 과언이 아닌 이유다.

나도 평소 하체 근력을 키우기 위해 연구실과 집에서 틈틈이 근력 운동을 한다. 내가 실천 중인 남녀노소 모두 일상에서 쉽게 따라 할 수 있는 하체 근육 단련법 세 가지를 소개한다.

1. 앉았다 일어나기

기본적인 하체 운동으로, 스쿼트와 동작이 유사하다. 주로 허벅지(넙다리 네 갈래근), 엉덩이(큰볼기근), 종아리(장딴지근) 근육 등 주요 하체 근육을 강화하는 데 효과적이다.

앉았다 일어나기를 반복함으로써 균형 감각과 몸의 안정성을 개선하는 것은 물론 무릎과 엉덩이 관절의 가동성을 높여 관절 건강을 증진하는 데 도움이 된다. 특별한 장비 없이도 일상생활에서 누구나 쉽게 할 수 있다는 것이 큰 장점이다. 자세와 순서는 다음과 같다.

① 준비 자세

발을 어깨너비로 벌리고, 발끝은 약간 바깥쪽을 향하게 한다. 팔은 몸 앞쪽으로 자연스럽게 뻗거나 가슴 앞에서 교차한다.

② 앉기

처음부터 무리하게 무릎을 굽히지 말고 숨을 들이마시면서 엉덩이를 뒤로 뺀다는 느낌으로 천천히 무릎을 굽힌다. 마치 의자에 앉는 듯한 자세를 취하며 이때 상체는 곧게 유지하고 무릎은 발끝을 넘지 않도록 주의한다.

③ 일어나기

숨을 내쉬면서 하체에 힘을 주고, 상체를 곧게 세운 상태에서 일어난다. 이때 발바닥은 바닥에 잘 붙여서 몸의 균형을 유지한다.

④ 반복

처음에는 15회부터 시작하여 점차 횟수를 늘려 가는 것이 좋다. 15~20회 정도 이 과정을 반복하며 세트를 정해 두고 진행한다.

---

2. 의자에 앉아서 다리 올리기

허벅지와 엉덩이 근육을 강화하여 하체 근력을 높이는 운동으로, 하체의 유연성을 기르고 관절 가동성을 개선하는 데 도움을 준다. 또한 다리를 올리는 동작을 반복함으로써 혈액 순환이 촉진되어 장시간 앉아 있을 때 발생할 수 있는 부종을 예방할 수 있다. 업무 중 잠시 틈을 내 이 운동을 하면 피로를 해소하고 집중력을 높일 수 있다.

사무실이나 집에서도 간편하게 할 수 있어서 장기간 앉아서 일하거나 공부하는 분들에게 강력히 추천한다.

---

① 준비 자세

편안한 의자에 앉는다. 이때 의자 등받이에 기대지 않고 허리를 곧게 편다. 두 발은 바닥에 두고, 양손은 의자 옆이나 무릎 위에 놓는다.

---

② 다리 올리기

숨을 내쉬면서 한쪽 다리를 천천히 들어 올린다. 무리하지 않는 선에서 다리 높이를 조절한다. 올릴 때 무릎을 펴고 발끝은 몸통 쪽으로 향하게 한다. 이때 허리와 상체는 곧게 유지하며 균형을 잃지 않도록 한다.

③ 유지

다리를 올린 상태에서 5초간 유지한다. 복부에 힘을 주어 중심을 잡는다.

④ 내리기

숨을 들이쉬며 천천히 다리를 원래 위치로 내린다.

⑤ 반복

반대쪽 다리도 동일한 방법으로 진행한다. 다리마다 15~20회 정도 반복하고, 필요에 따라 세트를 조정한다.

3. 의자 잡고 서서 발가락 끝, 발뒤꿈치 들기

이 운동은 발가락 끝, 발목, 종아리, 그리고 허벅지 근육을 모두 자극하는 효과가 있다. 특히 발뒤꿈치를 들어 올리는 동작은 종아리 근육과 발목 주변의 근육을 효과적으로 단련하는 데 도움을 준다.

하루에 보통 8시간 정도 앉아 있는 직장인이라면 화장실을 가거나 물을 뜨러 일어나는 시간에 자주 이 동작을 하는 것이 좋다. 이 운동만 꾸준히 실천해도 균형 감각과 하체 근육 단련이라는 두 마리 토끼를 잡을 수 있다.

① 준비 자세

편안한 의자 앞에 서서 양손으로 의자 등받이를 잡는다. 양발은 어깨너비로 벌리고, 발끝은 정면을 보게 한다.

② 발뒤꿈치 들기

숨을 내쉬면서 발뒤꿈치를 천천히 들어 올린다. 이때 몸의 중심을 잘 잡고 상체는 곧게 유지한다. 발뒤꿈치를 올린 상태에서 5초간 멈춘다(종아리와 발목 근육에 힘이 들어가도록 한다). 숨을 들이쉬며 발뒤꿈치를 원위치로 내린다.

③ 발가락 끝 들기

숨을 내쉬면서 발뒤꿈치를 바닥에 두고 발가락 끝을 천천히 들어 올린다. 이때에도 상체는 곧게 유지하고 균형을 잡는다. 발가락 끝을 올린 상태에서 5초간 정지한다. 숨을 들이쉬며 원위치로 내린다.

④ 반복

이 과정을 10~15회 정도 반복하고, 필요에 따라 세트를 조정한다. 처음에는 천천히 시작하고, 점차 횟수를 늘려 가는 것이 좋다. 익숙해지면 양쪽 발을 번갈아 가며 진행하거나 의자 없이 도전해 보자. 더 큰 운동 효과를 얻을 수 있다.

이러한 운동들은 언제 어디서든 간편하게 할 수 있는 운동으로 목표를 설정하고 이를 달성하는 과정에서 성취감을 느끼게 돼 자연스럽게 도파민의 분비를 촉진할 수 있다. 또한 일상 속 건강한 루틴 만들기는 도파민 디톡스 기간, 절제의 시간을 더욱 수월하게 보내는 방법이기도 하다. 오늘부터 이 간단한 운동을 통해 기분을 전환하고, 도파민의 분비를 자연스럽게 유도해 보자.

필라테스

주로 코어 근육을 강화하고, 유연성을 높이며 틀어진 자세를 개선하는 데 효과적이다. 특히 필라테스 동작들은 호흡에 집중해서 몸의 움직임을 의식적으로 느끼게 만들어 외부 요인이 아닌 내적 균형에 집중하게 만들고 과도한 자극에서 벗어나게 해 주는 효과가 있다.

또한 움직임이 크지 않은 것 같아도 근육의 깊은 부분을 자극하기 때문에 평소 잘 쓰지 않는 근육을 사용할 수 있다는 점이 장점이다.

소도구로 하는 필라테스와 기구를 활용해서 하는 필라테스가 있으므로 개인의 성향과 목적에 맞게 선택할 수 있다.

요가

몸과 마음의 조화를 중시하며 외부 자극을 줄이고 내면의 평화를 찾는, 도파민 디톡스를 도와주는 대표적인 운동이다. 요가의 다양한 동작과 깊은 호흡은 신체를 이완시키고 긴장을 해소하게 한다.

단 음식에 계속 의존하면서 높은 혈당 수치로 당뇨 직전까지 가서 내원한 환자가 있었다. 회사에서 받는 엄청난 성과 압박에 못 이길 때마다 충동적으로 단 음식을 찾았다고 했다.

3개월 동안의 도파민 디톡스 과정을 거치며 나는 주 3회 1시간씩 요가를 해 볼 것을 제안했었다.

실제로 환자는 요가를 하면서 시간이 갈수록 마음이 편안해지는 것을 느꼈고 충동을 다스리는 데 많은 도움을 받았다고 했다. 이처럼 마음을 다스리기 어려워 고민인 사람이라면, 가까운 곳에서 요가를 배우거나 집에서 요가 매트를 깔고 영상을 보며 해 보는 것을 추천한다.

전반적으로 전신이 이완되면서 덩달아 수면의 질도 좋아질 것이다.

∴ 근육을 강화하는 저항 운동 후 스트레칭을 하면 부상을 예방하고, 긴장된 근육을 이완시키는 데 도움이 된다. 운동 후에 할 수 있는 자신만의 스트레칭 루틴을 만들어 보자. 이렇게 하면 저항 운동의 효과를 더욱 톡톡히 볼 수 있다.

어지러운 내면을 정돈하고 긴장을 내려놓는 명상

10년 넘게 내가 유지하는 루틴 중 하나가 매일 오전 5시에 일어나 가벼운 스트레칭을 한 뒤 신문을 읽고, 10분가량 명상하는 것이다.

이처럼 매일 아침, 또는 밤에 잠들기 전 10~20분 정도 투자하여 명상하는 습관을 들이면 정신이 맑아지고 마음의 평화를 얻을 수 있다. 어지러운 뇌를 진정시키고 스트레스를 줄여 주며 현재의 순간에 집중하게 하는 탁월한 효과가 있다.

다양한 이유로 당장 운동할 여건이 안 된다면 명상부터 시작하는 것이 좋다. 명상할 때만큼은 모든 것을 잠시 내려 놓자. 고요하고 평화로운 그 시간이 도파민 디톡스라는 목표를 향해 나아갈 힘을 비축할 휴식을 제공한다.

그런데 명상을 해 본 적 없는 사람에게는 명상이라는 것 자체가 막연하게 느껴질 수 있다. 그래서 초보자도 쉽게 실천할 수 있는 몇 가지 명상법을 소개한다.

가이드 명상

전문적인 지도자나 명상 앱, 녹음된 안내를 따라 명상하는 방법으로, 명상을 처음 해 보는 사람에게 유용하다. 명상에 대한 두려움을 줄이고 기본적인 방법을 익힐 수 있다.

가이드 명상guided meditation이라고 유튜브에 검색하거나 명상 앱을 다운받으면 누구나 바로 시작할 수 있다. 아래의 방법을 참고하여 명상의 세계에 입문해 보자.

* **편안한 장소 찾기**: 조용하고 편안한 장소를 선택한다. 외부 소음이 최소화된 공간일수록 좋다.
* **편안한 자세 취하기**: 의자에 앉거나 바닥에 앉아서 등은 곧게 펴고 손은 힘을 빼고 무릎 위에 놓는다. 앉는 것이 불편하면 누워서 해도 좋다. 중요한 건 편안함을 유지하는 것이다.
* **콘텐츠 선택**: 유튜브나 헤드 스페이스Head space, 캄Calm 같은 여러 명상 앱, 팟캐스트 등에서 자신의 필요와 취향에 맞는 콘텐츠를 선택한다. 초보자는 5~10분짜리 짧은 길이부터 시작하는 것이 좋다.
* **가이드 따라하기**: 가이드의 안내에 따라 천천히 깊게 숨을 들이마시고 내쉬며 호흡에 집중한다.
* **몸의 감각 느끼기**: 머리부터 어깨, 팔, 손, 가슴, 복부, 다리, 발끝까지 순서대로 신체의 각 부위에 집중하고, 감각을 고스란히 느끼며 긴장을 풀어 준다. 예를 들어, "자신의 발끝에 집중해 보세요"라는 안내가 나오면 발가락이나 발바닥이 바닥에 닿는 느낌, 혹은 발끝에 공기가 스치는 감각 등을 느껴 본다.

＊ **명상 마무리**: 명상이 끝나면 천천히 눈을 뜨고 주변 환경을 인식한다. 스트레칭으로 몸을 풀고 명상 콘텐츠에서 배운 호흡과 마음 챙기는 법을 일상에 적용한다.

알아차림 명상

현재 순간에 주의를 집중하고, 감정과 생각을 판단하지 않고 그대로 받아들이는 명상법이다. 이 방법은 스트레스 감소와 정신적인 평온을 얻는 데 매우 유용하다. 도파민 수치를 안정시켜 긍정적인 감정을 유도하는 데도 효과적이다.

＊ **편안한 자세 취하기**: 의자에 앉거나 바닥에 앉는다. 이때 등은 곧게 펴고 손은 무릎 위에 자연스럽게 놓는다.
＊ **호흡에 집중하기**: 눈을 감고 천천히 숨을 깊게 들이마셨다가 내쉬면서 호흡에 집중한다. 특히 날숨을 쉴 때 하나, 둘, 셋…… 열까지 숫자를 세며 온몸의 긴장을 푼다. 호흡에 따라 몸이 어떻게 움직이는지 느껴 본다. 이 단계에서는 호흡하면서 떠오르는 생각들을 억누르려 하지 말고 그냥 흘려보낸다.
＊ **생각과 감정 인식하기**: 마음이 고요해지면 억눌렀던 생각이나 감정, 이미지, 기억이 하나둘 떠오를 것이다. 이

때는 생각이나 감정에 주의를 기울여 보자. 예를 들어, '아, 지금 내가 화가 났구나'라고 감정을 그대로 인식하는 것이다. 판단하거나 분석하지 않고, 그저 그 상태를 받아들인다.

* **호흡으로 다시 돌아오기**: 이후 떠오르는 생각이나 감정이 사라지면 다시 호흡에 집중한다. 이러한 과정을 반복하면서 마음이 고요해지고 평화로워지는 것을 느낄 수 있다.

* **명상 마무리**: 명상이 끝나면, 서서히 주변의 소리와 환경에 주의를 기울인다. 눈을 천천히 뜨고, 몸을 가볍게 움직이며 몸의 긴장을 풀어 준다.

* **일정 시간 정하기**: 초보자라면 5~10분 정도로 짧게 시작하고, 점차 시간을 늘려간다. 타이머를 설정해 두는 것도 좋은 방법이다. 중요한 건 꾸준히 하는 것이다.

걷기 명상

걷기와 명상의 결합으로, 걷는 동안 현재 순간에 집중하고 신체와 마음을 차분하게 하는 명상법이다. 규칙적인 걷기로 체력도 키우고 심혈관 건강도 챙길 수 있다.

가만히 앉아서 하는 명상이 지루하다면 움직이면서 하

는 걷기 명상을 시도해 보자.

* **적절한 장소 선택:** 공원, 산책로, 숲길 등 자연 속에서 걷는 것이 좋다. 되도록 조용하고 방해받지 않는 나만의 장소를 선택한다.
* **편안한 상태:** 걷는 데 방해가 되지 않는 편안한 복장과 발이 편한 신발을 착용한다.
* **자세 잡기:** 걷기 전, 몸을 곧게 펴고 어깨를 편안하게 늘어뜨리며, 손은 자연스럽게 옆에 둔다. 깊게 숨을 들이마시고 내쉬면서 몸의 긴장을 풀어 준다.
* **호흡에 집중:** 천천히 깊게 숨을 들이마시고 내쉬면서 호흡에 집중한다. 호흡이 자연스러워질 때까지 몇 번을 반복한다.
* **발걸음에 집중:** 걷는 걸음에 집중한다. 발이 땅에 닿는 감각과 발가락, 발뒤꿈치의 움직임까지 느껴 보자. 평소 자신의 보폭을 고려하여 최대한 자연스럽게 천천히 걷는 것이 좋다.
* **마음 챙김 유지:** 걷는 동안 떠오르는 생각들은 흘러가게 둔다. 주변의 소리, 냄새, 바람의 감촉 등을 느끼며 현재 순간에 집중한다.

도파민 밸런스

* **시간 정하기**: 처음이라면 10~15분 정도가 적당하다. 점
차 시간을 늘려 보자.

* **명상 마무리**: 주변의 풍경을 살피며 천천히 걸음을 멈춘
다. 명상이 끝난 후 느낀 점을 잠깐 생각해 보는 것도
좋다.

마음의 안식을 찾는
호흡 운동

지나치게 자극적인 환경에서 벗어나 명상과 함께 내면
의 평화를 가져다 주는 또 하나의 운동으로, 깊고 규칙적인
호흡을 통해 신체와 정신을 안정시키는 운동법이다. 주로 스
트레스 해소, 불안 감소, 그리고 몸과 마음의 균형을 맞추는
데 도움을 준다.

매일 5~10분만 투자해 호흡 운동을 실천해 보자. 업무
중간에 잠시 시간을 내서 하거나, 스트레스를 받을 때 깊은
호흡을 들이마시고 내쉬면, 신경계를 안정시켜 몸의 긴장을
풀 수 있다.

살아 있는 사람은 누구나 숨을 쉰다. 이 말인즉, 호흡 운

동은 누구나, 언제 어디서든 쉽게 할 수 있는 가장 기본적인 운동이라는 것이다. 일상의 작은 실천이 큰 변화를 불러온다는 사실을 기억하자.

복식 호흡법

호흡이 들어오고 나갈 때 배의 변화를 느끼는 호흡법으로, 심신의 이완과 안정에 도움을 준다. 방법은 간단하다.

먼저 편안한 자세로 앉거나 눕는다. 이때 한 손은 가슴에, 다른 손은 복부에 올린다. 코로 천천히 4~5초간 숨을 들이마시며 복부가 팽창하는 것을 느낀다. 다음으로 4초 동안 잠시 숨을 참는다. 이후 입으로 6~7초 동안 천천히 숨을 내쉬며 복부가 수축하는 것을 느낀다. 이 과정을 최소 10회 이상, 익숙해지면 5~10분 반복한다.

4-7-8 호흡법

미국의 통합 의학 전문가 앤드루 웨일Andrew Weil 박사가 개발한 호흡법으로, 앞서 소개한 복식 호흡과 유사하지만, 4-7-8이라는 명칭이 붙은 이유가 있다.

구체적으로는 4초 동안 숨을 들이마시고, 7초 동안 숨을 참은 후, 8초 동안 내쉬는 호흡 기법으로 긴장을 풀고 몸과

도파민 밸런스

마음을 편안하게 해 준다.

깊고 규칙적인 호흡을 통해 자율신경계를 조절하여 스트레스를 감소시키는 효과가 있다고 알려져 있다. 이 과정을 4~8회 정도 반복해 보자.

호흡 운동법은 처음부터 무리하게 시도하면 어지러울 수 있다. 자신의 신체 반응을 보고 천천히 진행하는 것이 효과적이다. 장소에 구애받지 않고 일상 가운데 쉽게 적용할 수 있는 만큼, 지속적으로 실천하면 심신의 안정과 집중력 향상에 큰 도움이 될 것이다.

∴ 호흡 운동은 아침에 일어나자마자 하면 하루를 시작하기 전에 마음 정리를 할 수 있고, 스트레스받을 때 하면 긴장을 풀고 마음을 안정시킬 수 있다. 잠들기 전에 하면 편안한 상태로 잠들 수 있도록 도와준다.

꾸준함이 살길이다!

지금까지 여러 운동법에 대해 알아보았다. 이러한 운동

들은 뇌의 건강을 회복하고 신체적, 정신적 안정을 준다. 하지만 운동이야말로 작심삼일로 끝나기 딱 좋지 않던가. 여러 가지 운동을 배우고 시도한다고 하더라도 지속하지 않으면 의미가 없다.

도파민 수용체의 균형을 회복하기 위해 꾸준히 운동하는 습관을 들이자. 일상생활에서 규칙적인 운동 습관을 형성하는 데 도움이 되는 몇 가지 팁을 공유한다.

먼저 기간, 요일 설정이 중요하다. 도파민 디톡스 기간에 매일 또는 주간 운동 일정을 정해 일관성을 유지하는 것이 좋다. 예를 들어 월요일, 수요일, 금요일에는 유산소 운동을 하고, 화요일과 목요일에는 저항 운동을 하는 식으로 루틴을 짜는 것이다. 이는 지속 가능한 습관으로 자리 잡는 데 큰 도움이 된다.

두 번째로, 다양한 운동을 시도해 보자. 안 그래도 억지로 하는 운동인데 재미까지 없으면 계속하기가 어렵다. 여러 가지 운동을 시도하면서 운동은 지루하다는 인식을 떨쳐 내고 나에게 맞는 운동을 찾아 나가자. 헬스장에서 웨이트 트레이닝을 한 후 주말에는 등산을 즐겨 보는 것이다. 그렇게 하면 신체의 여러 부분을 골고루 강화하는 것은 물론 다양한 운동을 배우고 시도하는 과정에서 흥미가 생길 수 있다. 그러면 지루하지 않게 오랫동안 운동하는 습관을 들일 수 있다.

세 번째로, 운동 목표를 설정하자. 작은 목표부터 시작해 점진적으로 확대해 나가는 게 효과적이다. 처음에는 1킬로미터 달리기를 목표로 하고, 나중에는 5킬로미터로 점차 발전시키는 것이다. 목표를 달성했다는 성취감이 계속 운동하게 만든다.

마지막으로, 운동 동반자를 찾는 것이 좋다. 가족 혹은 친구와 함께 운동하면 설령 운동 의지가 약해지더라도 서로 동기 부여를 해 줄 수 있고, 같은 운동이라도 더 즐겁게 할 수 있다.

도파민과 함께
삶의 균형에 도움을 주는
호르몬들

○

"행복은 우리가 느끼는 감정의 조화에서 온다"는 말이 있다. 이 말은 행복이 단순히 긍정적인 감정만으로 이루어진 것이 아니라, 살면서 느끼는 기쁨, 슬픔, 분노, 평온 등 다양한 감정의 조화를 통해 얻을 수 있다는 뜻이다. 모든 감정이 서로 잘 어우러져 균형이 잡힐 때 진정한 행복을 느낄 수 있다.

도파민 디톡스 역시 도파민의 균형을 되찾고, 궁극적으로는 우리 뇌에서 도파민과 다른 호르몬들의 균형과 조화를 통해 뇌를 최적화하는 여정이다. 물론 이 책의 초점이 도파민에 맞춰져 있지만, 도파민은 결코 혼자서 작용하는 호르몬이 아니다. 세로토닌, 엔도르핀, 옥시토신oxytocin 등 여러 호르몬과 상호 작용하여 우리의 감정을 조절한다.

뇌에는 수백억 개의 신경세포가 존재하는데, 뇌의 어떤 물질이 어떻게 분비되느냐에 따라 신경 네트워크는 다양한 방식으로 연결된다. 그렇기에 지속적인 도파민 디톡스를 위해서는 엔도르핀, 옥시토신, 세로토닌 등의 호르몬을 함께 활성화할 수 있는 대체 활동들이 꼭 필요하다.

우선 각 호르몬을 역할과 효과, 분비에 도움을 주는 방법을 알아보자.

1. 행복한 삶을 지휘하는 호르몬, 세로토닌

세로토닌은 우리의 다양한 감정에 영향을 미치며 특히 우울감을 완화하고 행복감을 증진하는 역할을 해 '행복 호르몬'으로 불린다.

세로토닌이 부족하면 스트레스와 불안감이 증가하고, 우울한 기분, 식욕 변화, 집중력 저하, 편두통, 기능성 소화 장애, 성기능 저하 등 다양한 문제를 초래할 수 있다.

반대로 세로토닌이 과다 분비되면 스트레스 상황에서 통제력을 잃는 분노 조절 장애 증상을 보일 수 있다. 세로토닌이 적절하게 균형을 이루면 일상에서 겪는 스트레스와 불안으로부터 자신을 보호할 수 있다.

일상에서 세로토닌을 촉진시킬 수 있는 쉬운 방법이 있다. 지금 손으로 관자놀이와 미간을 가볍게 마사지해 보자. 혈액 순환을 개선하여 뇌에 산소와 영양분을 공급하고, 세로토닌 생성에 긍정적인 영향을 준다. 또한 신경계를 자극하여 긴장을 완화하고 스트레스를 줄이는 데 도움이 된다.

세로토닌은 일조량에 비례해 분비되기 때문에 마음이 우울할 때는 하루 30분 이상 햇볕 아래에서 산책하는 것을 추천한다. 앞서 나온 유산소 운동에서 '걷기' 부분을 참고하길 바란다.

더불어 세로토닌의 전구체precursor(생체 내 대사 과정이나 화학 반응 등에서 특정한 물질이 합성되기 전 과정에 있는 모든 선행 물질)인 트립토판 tryptophan이 풍부한 음식을 섭취하는 것도 도움이 된다. 붉은 고기, 치즈, 요거트, 견과류, 바나나, 조개류, 현미 등을 포함한 음식이 이에 해당한다.

흔히 세로토닌이 뇌에서 생성된다고 생각하지만, 실제로 세로토닌의 약 10퍼센트만이 뇌에서 생성되고, 나머지 약 90퍼센트는 장과 위장관 내벽 세포에서 생성된다. 그래서 나는 세로토닌을 '지휘자 호르몬'이라고도 부른다. '두뇌'라는 복잡한 오케스트라를 조율하며 우리의 감정과 기분은 물론, 장운동과 소화를 도우며 궁극적으로는 '삶'이라는 오케스트라를 지휘하기 때문이다.

행복 호르몬이자 지휘자 호르몬인 세로토닌의 중요성을 인식하고 이를 적절히 관리함으로써 우리는 정신적, 정서적 안정감을 유지하고 더욱 건강하고 균형 잡힌 삶을 영위할 수 있다.

2. 잠의 호르몬, 멜라토닌

한번은 또래보다 평균적으로 키가 작고 왜소한 고등학생이 어머니와 함께 진료실을 찾아왔다. 밤낮이 바뀐 데다, 자도 자도 자꾸 잠이 온다는 말을 듣고 호르몬 검사를 권유했더니 예상대로 멜라토닌 수치에 문제가 있었다.

뇌 안에는 멜라토닌의 생성과 분비를 관장하는 솔방울 모양의 작은 기관인 송과선pineal gland이 있는데, 이곳의 과대 증식이 확인되었다. 이 경우 멜라토닌이 과도하게 분비되어 발작적으로 수면에 빠지는 기면증narcolepsy 증세를 보인다. 송과선은 밤과 낮의 길이, 계절에 따른 일조 시간의 변화 등을 감지하여 멜라토닌의 분비량을 조절한다. 송과선에 문제가 있던 그 학생은 수술받은 후에야 쏟아지는 잠의 지옥에서 벗어날 수 있었다.

'잠의 호르몬' 멜라토닌은 24시간 주기로 반복되는 우리의 생체 리듬인 서카디안 리듬circadian rhythm을 조절하는 데 중요한 역할을 한다. 특히 성장기 아이들이 밤낮이 바뀌면 멜라토닌이 성장 호르몬에도 영향을 주어 여러 성장 장애를 겪을 수 있다.

일반적으로 멜라토닌은 밤 10시쯤 급상승하여 밤 11시~새벽 1시 사이에 가장 활발하게 분비된다. 그래서 양질의 잠을 자려면 이 시간대에 불을 끄고 침대에 누워야 한다.

숙면에 어려움을 겪고 있다면 관자놀이에 아로마 오일을 바르거나 수면 안대를 착용해 보자. 개인적으로는 반신욕을 추천한다. 나도 커피 중독으로 숙면이 어려웠을 때 반신욕의 도움을 받곤 했다. 반신욕을 하면 몸의 온도가 상승한 후 체온이 자연스럽게 떨어지는 과정에서 졸음이 찾아오는데, 수면을 유도하는 생리적 반응이다. 따뜻한 물에 몸을 담그면 근육이 이완되고, 스트레스와 긴장이 완화되면서 우리의 몸은 수면 준비 상태로 전환한다. 일주일에 2회 이상, 30분씩 반신욕을 하면 심신이 안정되고, 체온을 올려 면역력을 높여 준다.

음식 중에서도 숙면에 좋은 3대 견과류가 있다. 바로, 마그네슘이 풍부한 아몬드와 식물성 식품 중 멜라토닌 함량이 높으면서 단백질도 풍부한 피스타치오, 그리고 셀레늄selenium이 풍부한 브라질너트다.

자기 전에 따뜻한 캐모마일차 한잔을 마시는 것도 좋은 방법이다. 캐모마일에는 아피게닌apigenin이라는 항산화 성분이 있는데, 이는 마음을 진정시키고 수면 주기를 조절하는 데 효과적이다.

세로토닌은 자율신경에도 영향을 주어 아침을 더욱 상쾌하게 맞이할 수 있게 도와준다. 오늘부터 양질의 수면을 통해 멜라토닌을 활성화하여 건강하고 활기찬 아침을 맞이해 보자.

3. 고통을 잊게 하는 호르몬, 엔도르핀

엔도르핀은 도파민과 함께 우리의 생존에 도움을 준다. 이 호르몬은 신체가 극심한 통증이나 스트레스를 경험할 때 즉각적으로 분비되어 일시적으로 통증을 완화하는 역할을 한다. 그래서 '천연 진통제'라고도 불린다. 또한 더욱 건강한 방식으로 보상을 느끼게 해 주기 때문에 도파민 의존도를 줄이는 데도 효과적이다.

일상에서 엔도르핀의 분비를 유도하려면 어떻게 해야 할까? '러너스 하이runners high'라는 말이 있다. 운동 중 느끼는 쾌감 상태로, 주로 유산소 운동, 특히 달리기를 할 때 경험하게 된다. 유산소 운동을 하면, 신체는 에너지를 공급하기 위해 여러 대사 과정을 활성화하고, 심박수가 증가하면서 자극을 받은 몸에서는 엔도르핀이 생성된다.

평소 자주 웃기만 해도 엔도르핀의 분비를 촉진할 수 있다. "행복해서 웃는 게 아니라 웃어서 행복하다"는 말은 의학적으로도 맞는 표현이다. 크게 웃으면 광대뼈 주변 근육이 움직이고, 뇌하수체와 연결된 신경을 자극해 엔도르핀이 생성되는 것이다.

식이요법을 통해 엔도르핀을 얻고자 한다면, 매운 음식을 먹어 보자. 스트레스받을 때 이상하게 매운 음식이 먹고 싶은 것은 내분비학 관점에서 보면 자연스러운 현상이다. 고추의 캡사

이신 성분이 뇌를 자극하여 엔도르핀과 도파민을 분비하고, 신진대사를 활발하게 해 주어 지방산을 연소시키는 효과가 있다. 다만, 너무 매운 음식은 위장에 악영향을 주는 건 물론, 매운 음식에 중독될 수 있으니 적당한 정도의 맵기로, 아주 가끔 먹는 것이 좋다.

이 외에도 페닐에틸아민phenylethylamine 성분이 풍부한 초콜릿, 항산화 성분이 풍부한 베리류, 바나나와 견과류도 엔도르핀 분비를 유도하는 데 도움이 된다.

정신과 신체 건강에 필수적인 엔도르핀의 분비를 유도해 도파민 과잉 문제를 벗어나 전반적인 삶의 질을 높여 보자.

4. 사랑의 호르몬, 옥시토신

사회적 유대감을 형성하고 신뢰를 느낄 때 분비되는 호르몬으로, 옥시토신 수치가 낮은 사람은 감정적인 교류나 누군가와 친밀한 관계를 형성하는 것을 어려워한다. 이러한 상황은 외로움과 불안감을 증가시켜 전반적인 정신 건강에 부정적인 영향을 미친다.

가족이나 친구 등 가까운 사람과 상호 작용하면 옥시토신의 분비를 촉진할 수 있다. 안정감과 소속감이 주는 긍정적인 영향으로 도파민의 과잉 자극에서 벗어나 건강한 감정적 유대를 형성할 수 있다.

알약이나 스프레이 같은 형태로 복용하거나 흡입하는 등 인위적으로 늘릴 수 있는 방법도 있긴 하지만, 사회적 유대감을 느낄 수 있는 자연스러운 방식으로 수치를 올리는 것을 권한다. 음식으로 옥시토신을 합성하려면 비타민이 풍부한 오렌지, 키위, 케일, 딸기 등의 과일과 채소를 섭취하는 것이 좋다.

무엇보다 옥시토신 분비를 촉진하는 가장 중요한 요소는 아마도 스킨십이 아닐까. 옥시토신을 '사랑의 호르몬' 또는 '껴안기 호르몬'이라고 부르는 이유가 여기에 있다. 아이의 머리를 쓰다듬거나 연인과 포옹할 때, 심지어 반려동물을 안을 때도 옥시토신이 분비되고 우리는 안정감을 느낄 수 있다.

도파민 디톡스 기간에 소중한 사람들과 함께하자. 그 어떤 좌절과 스트레스에도 이겨 낼 힘이 되어 줄 테니.

다양한 호르몬의 주요 역할

1. 세로토닌 스트레스를 줄이고 정서적 안정과 행복한 기분을 유지하는 데 도움을 준다.
2. 멜라토닌 수면 주기를 조절하는 데 도움을 주며 숙면을 유도하여 정신적 회복을 돕는다.
3. 엔도르핀 자연 진통제로, 고통을 완화하고 기분을 좋게 만들어 주는 역할을 한다.
4. 옥시토신 사랑과 신뢰의 감정을 증진해 사회적 유대감을 강화하고, 긍정적인 인간관계를 형성하는 데 기여한다.

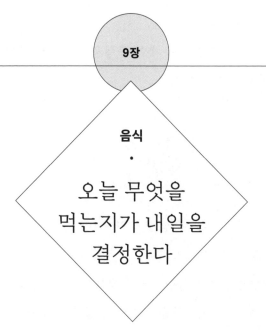

9장

음식
·
오늘 무엇을
먹는지가 내일을
결정한다

도파민 디톡스 산을 이루는 두 번째 기둥은 '음식'이다. 흔히 음식을 몸과 마음을 구성하는 건축 자재에 비유하듯, 우리가 선택하는 음식은 단순한 영양소의 집합체가 아니다. 우리의 기분과 행동, 나아가 삶의 질을 결정짓는 아주 중요한 요소다.

그래서 나는 환자들에게 젊음과 건강을 지키려면 가장 먼저 먹는 것부터 바꾸라고 강조한다. 실제로 적절한 영양소 섭취는 우리의 감정과 기분을 조절하고 뇌 기능을 최적화하는 데 필수적이다.

우리가 도파민 수용체의 균형을 회복하려면 어떤 음식을 선택하는 게 좋을까?

단백질이 풍부한 음식

우리 몸의 기본 구성 요소인 아미노산으로 이루어진 단백질은 도파민 디톡스 과정에서 필수적으로 섭취해야 한다. 이 아미노산들은 신경전달물질 생성을 위한 핵심 역할을 하는데, 특히 고단백 식품은 도파민 생성에 필요한 아미노산인 타이로신tyrosine과 페닐알라닌phenylalanine을 공급한다.

타이로신은 도파민의 전구체로 작용하여 도파민 생성을 촉진하고 수치를 안정적으로 유지하는 데 큰 도움을 주고 페닐알라닌도 체내에서 타이로신으로 전환되어 도파민 생성을 지원하는 역할을 한다.

대표적인 단백질 식품으로는 잘 알려져 있듯 고기, 닭가슴살, 두부, 콩, 견과류, 생선, 달걀, 유제품 등이 있다. 그런데 가끔 당뇨병 환자들이 인슐린 호르몬 관리를 위해 도파민 디톡스 기간에 무조건 육식을 멀리하는 경우가 있다.

도파민 밸런스

하지만 나는 식단에서 고기를 무조건 빼는 것은 권장하지 않는다. 물론 콩이나 두부 같은 식물성 단백질에도 영양소가 풍부하기 때문에 채식 위주의 식이요법으로 단백질을 섭취한다고 해서 큰 문제가 있는 건 아니다.

하지만 식물성 단백질은 일반적으로 동물성 단백질보다 일부 필수 아미노산이 부족할 수 있어서 주의를 기울일 필요는 있다. 필수 아미노산은 우리 몸에서 만들 수 없거나, 만들 수 있더라도 양이 너무 적어서 반드시 음식으로 섭취해야 하는 아미노산을 말한다. 동물성 단백질에는 신경전달물질의 합성과 뇌 건강에 중요한 역할을 하는 필수 아미노산인 라이신lysine과 메티오닌methionine 등이 풍부하게 포함되어 있다.

도파민 디톡스 기간이 사람마다 다른데, 이 기간 내내 식물성 단백질만 섭취한다면 우리 몸에 필요한 영양소가 부족해질 수도 있다. 그래서 되도록 균형 있게 골고루 섭취하는 것을 추천한다. 고기를 먹을 때는 지방량이 적은 질 좋은 살코기 위주로, 또 불포화 지방산이 풍부한 생선 등을 통해 양질의 단백질을 섭취하면 호르몬의 건강과 균형을 유지하는 데 도움이 될 것이다.

비타민 B6가 풍부한 음식

단백질과 마찬가지로 도파민 생성과 대사에 중요한 역할을 하는 것이 바로 비타민 B6다. 단백질로 공급된 아미노산인 타이로신이 도파민으로 전환되는 과정에 없어서는 안 될 요소다.

비타민 B6가 부족하면 도파민 수치가 감소해 기분과 인지 기능에 부정적인 영향을 미칠 수 있고, 특히 우울증이나 불안증을 겪는 이들에게는 비타민 B6의 충분한 섭취가 매우 중요하다.

비타민 B6가 풍부한 음식으로는 고기, 생선, 견과류, 씨앗, 콩류 등이 있다. 귀리, 현미, 보리와 같은 통곡류는 비타민 B6 외에도 다양한 영양소를 제공하고 건강한 탄수화물의 훌륭한 공급원이 되기에 섭취하면 좋다.

과일 중에서는 바나나와 아보카도에 비타민 B6가 특히 풍부하다. 이 외에도 바나나는 식이섬유가 풍부해 소화가 천천히 되기 때문에 배고픔을 방지한다. 음식 중독으로 도파민 디톡스를 하는 사람들에게 특히 추천한다. 아보카도는 불포화 지방산과 함께 비타민 B6를 공급해 심혈관 건강에 도움을 준다.

우리의 뇌 기능을 지원하고 기분 조절에 효과가 있는 비타
민 B6가 풍부한 음식을 의식적으로라도 섭취해 보자.

오메가-3 지방산이 들어간
슈퍼 푸드

건강 트렌드에서 "슈퍼 푸드"라는 용어가 자주 언급된
다. 그중에서도 눈에 띄는 하나가 바로 오메가-3 지방산이
함유된 식품이다. 오메가-3 지방산은 뇌 건강에 매우 중요한
역할을 하며 현대인들이 반드시 섭취해야 할 필수 영양소로
알려져 있다.

연구에 따르면, 오메가-3 지방산은 신경세포의 유연성
을 높이고, 신경전달물질의 균형을 유지하며 전반적인 뇌 기
능을 개선하는 데 큰 역할을 한다. 이러한 특성 덕분에 스트
레스 관리와 정신적 안정에도 긍정적인 영향을 미친다.[1]

ADHD나 집중력 문제로 어려움을 겪는 사람들에게 효
과적이라는 연구 결과도 있다.[2] 집중력과 기억력 향상에 기
여하며, 전반적인 인지 기능을 개선하는 데 큰 도움을 준다
고 한다.

오메가-3 지방산이 풍부한 음식으로는 연어, 고등어, 아마씨, 호두 등이 있다. 연어와 고등어는 EPA EicosaPentaenoic Acid 와 DHA DocosaHexaenoic Acid라는 두 가지 주요 오메가-3 지방산을 풍부하게 함유하고 있어서 우리의 뇌 건강을 증진에 특히 효과적이다. 특히 아마씨와 호두는 식물성 오메가-3 지방산의 좋은 공급원으로, 식단에 포함하면 좋다.

오메가-3 지방산은 단순한 영양소를 넘어서 우리의 정신적 안정과 뇌 건강을 지키는 데 중요한 역할을 하므로 꾸준히 섭취하도록 하자.

스트레스를 줄여 주는 항산화 음식

도파민 디톡스 기간은 물론, 우리의 일상에서도 항산화제를 포함한 식단은 건강에 큰 도움이 된다. 항산화제는 활성산소를 제거하여 산화 스트레스를 줄이고, 몸뿐 아니라 신경계에도 영향을 미쳐 정신적 스트레스 해소에 도움을 준다.

또한, 항산화 물질은 뇌 세포를 보호하고 신경 퇴화를 예방하는 역할을 한다. 이것은 도파민 시스템의 기능을 지원하여 도파민의 자연적인 균형을 유지하도록 돕는다.

평소 항산화 성분이 풍부한 녹차나 히비스커스차를 자주 마시면 체내 활성산소를 줄이는 데 효과적이다.

항산화제가 풍부한 음식으로는 과일과 채소가 대표적이다. 블루베리, 석류, 딸기, 귤, 시금치, 브로콜리 등 우리가 일상에서 접하는 과일과 채소를 떠올리면 된다.

아침에는 블루베리 등 베리류를 추가한 요거트를 섭취하는 것이 좋고, 점심이나 저녁에는 항산화 물질인 비타민 C와 카로티노이드carotenoid가 풍부하여 면역력 강화와 노화 방지에 효과적인 시금치, 브로콜리, 케일 등의 녹색 채소를 식단에 추가해 보자.

건강의 비결이자 자연의 선물과도 같은 항산화제를 매일 균형 있게 섭취하는 습관을 들이면 건강은 물론 스트레스를 줄여 행복한 일상을 영위할 수 있다.

장 건강을 위한
프로바이오틱스가 포함된 음식

"도파민 디톡스를 하는 데 프로바이오틱스probiotics가 도움이 된다고요? 그거 장 건강에 좋은 거 아닌가요?"

당뇨 전 단계로 대사증후군 증상을 겪고 있는 40대 후반의 환자는 의아한 표정으로 내게 되물었다. 프로바이오틱스가 도파민 디톡스에도 도움이 된다는 말을 선뜻 이해하지 못한 듯했다.

하지만 장 건강은 우리의 뇌 건강과도 밀접한 연관이 있다. 연구에 따르면, 장내 미생물은 신경계에 직접적인 영향을 미치며 뇌 발달과 정서 변화에도 관여한다. 이러한 연결 고리를 '장-뇌 축gut-brain axis'이라고 부른다. 즉, 장의 건강이 뇌의 기능 향상과 기분 조절에 핵심적인 역할을 한다는 것이다.[3]

프로바이오틱스는 장내 미생물 균형을 유지하여 장-뇌 축을 통해 도파민의 생성과 조절에 관여한다. 이 유익한 미생물들은 장내 유익균을 증가시켜 소화를 개선하고 염증을 줄인다. 또한, 프로바이오틱스를 섭취하면 스트레스가 감소돼 도파민 수치가 안정되고 정신적 안정도 높일 수 있다.

대표적인 프로바이오틱스 식품으로는 요구르트, 김치, 된장 등이 있다. 요구르트는 유산균이 풍부하여 장내 유익균을 증가시키고 소화를 촉진하고, 김치와 된장은 발효 과정에

도파민 밸런스

서 생성된 다양하고 유익한 미생물을 포함하고 있어 장내 환경을 개선하고 면역 체계를 강화에 기여한다.

장을 '제2의 뇌'라고 부르듯이 장 건강을 지키는 길이 뇌 건강을 지는 길이다. 장을 잘 돌보면 도파민 수치를 안정적으로 유지할 수 있을 것이다.

어떤 음식을 피해야 할까?

지금까지는 도파민 수용체의 기능을 회복하고 도파민 분비에 도움이 되는 음식들을 살펴봤다. 이제는 반대로 도파민 수용체 회복에 방해가 되는 음식들을 살펴볼 차례다.

조금이라도 더 성공적인 디톡스, 건강한 삶을 위해서는 디톡스의 효과를 저해하고 결과적으로 정신적, 신체적 건강에 부정적인 영향을 미칠 수 있는 음식을 알고, 의식적으로 멀리하는 것이 좋다. 어떤 음식들이 도파민 수용체의 회복을 방해할까?

설탕이 많은 음식

설탕이 많은 음식은 혈당 수치를 급격히 올리고 내려 도파민 수치의 큰 변동을 초래할 수 있다. 특히 가공된 설탕이 포함된 음료수, 과자, 디저트는 될 수 있으면 웬만해서 피하는 것이 좋다.

흔히 과일 주스를 갈아서 마시는 건 괜찮다고 생각하지만, 당이 많은 과일의 경우 자연 당이라 해도 갈아서 주스 형태로 마실 경우 흡수율을 높여 혈당을 올린다. 거기다 설탕을 더 넣어 마신다면 당수치는 순식간에 확 높아질 수 있어서 주의해야 한다.

가공식품

가공식품은 대부분 열량은 높지만 영양소가 부족하고 소화가 빨리 된다. 그래서 편의점 인스턴트식품이나 햄버거 등 패스트푸드를 섭취하면 제대로 된 영양분을 얻을 수 없는데다 소화가 빨리 돼 또 다른 음식을 찾게 되는 경우가 많다.

장 건강에 특히 부정적인 영향을 미치고, 장내 미생물의 균형이 깨져 도파민 시스템에도 악영향을 줄 수 있다.

과도한 카페인, 알코올

아주 흔한 도파민 중독이 카페인 중독, 알코올 중독인 것만 봐도 알 수 있듯이 카페인과 알코올의 과도한 섭취는 도파민 수치 변화에 큰 영향을 미치고, 수면의 질을 떨어뜨려 결과적으로 뇌 건강을 해칠 수 있다.

고염 식품

소금이 많이 포함된 음식은 혈압을 높이고, 혈관 건강에 부정적인 영향을 주기 때문에 장기적으로는 심혈관계 질환의 위험을 높인다. 뇌의 혈류에도 영향을 미쳐 도파민 수용체 회복을 방해할 수 있다.

요즘 저염 식단을 하는 사람들이 많아지면서 소비자 요구에 맞는 다양한 저염 식품들이 나와 있으니 일일이 함량을 체크해 가며 먹기 어렵다면 저염 식품을 먹어 보는 것도 방법이 될 수 있다.

포화 지방이 많이 함유된 음식

포화 지방은 주로 동물성 지방, 버터, 전지방 유제품, 야자유, 코코넛 오일 등에 포함되어 있으며 과도하게 섭취할 경우 뇌에서 도파민 신호 전달에 부정적인 영향을 미칠 수 있다.

특히 한 연구에 따르면, 칼로리의 50퍼센트를 포화 지방으로 섭취한 쥐는 불포화 지방에서 동일한 양의 칼로리를 섭취한 쥐에 비해 뇌의 보상 영역에서 도파민 신호가 감소한 것으로 나타났다.

쥐의 체중, 체지방, 호르몬, 혈당 수치와 무관하게 발생한 것으로 봐서, 포화 지방이 도파민 시스템에 직접적인 영향을 미칠 수 있다는 것을 보여 준다.[4] 포화 지방의 섭취를 줄이고, 대신 불포화 지방이 풍부한 음식으로 대체해 보자.

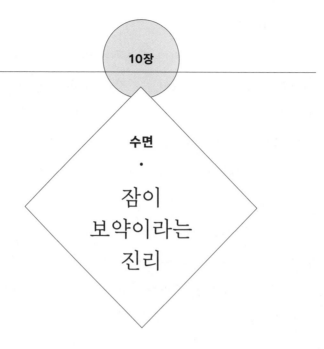

10장

수면
·

잠이
보약이라는
진리

도파민 디톡스 산을 이루는 세 번째 봉우리는 '수면'이다. "잠
이 보약" "잠은 만병통치약" 이런 말이 괜히 나온 게 아니다.
충분한 수면은 우리의 신체와 정신 건강에 필수적이다.

　모든 호르몬이 우리 몸에서 중요한 역할을 하지만, 내가
늘 1순위로 꼽는 건 수면을 관장하는 '잠의 호르몬'인 멜라토
닌이다. 실제로 모든 생명체가 삶을 유지할 수 있는 기본은
잠을 자는 것에서부터 시작된다. 도파민 디톡스 여정에서도

마찬가지이다.

내가 항상 강의 때마다 강조하는 말이 있다. "진짜 젊고 건강한 사람은 겉으로 보이는 치장을 잘하는 사람이 아니다. 잠을 잘 자서 멜라토닌이 정상적으로 분비되어 우리 몸이 가지고 있는 본연의 자연스러운 생기가 넘치는 사람이다."

멜라토닌이 잘 분비되면 안정적인 잠을 잘 수 있고, 정신 건강과 기분 개선은 물론 심장, 혈관, 간, 폐, 피부 등 대부분의 신체 기관의 회복과 재생에 도움을 받을 수 있다. 그러면 자연스레 일상에서도 활력이 넘치게 된다.

도파민 수용체를 회복하고 도파민 수치를 조절하는 수면의 중요성을 다시 한번 되새기자.

도파민 수용체의 회복을 돕는다

양질의 수면은 뇌의 도파민 수용체를 회복하는 데 필수적이다. 보통 우리가 깊이 잠들었을 때 뇌는 손상된 세포를 재생하고 도파민 수용체의 민감성을 높인다.

반면 수면이 부족한 경우 도파민 수용체의 민감도가 낮

아지게 되고, 이는 도파민의 분비를 불규칙하게 만들 수 있다. 이러한 변화는 집중력 감소, 동기 부여 부족 등으로 이어져 디톡스의 효과를 감소시킨다.

가능하면 매일 7시간 정도 충분한 수면 시간을 확보하여 도파민 수용체의 회복과 뇌 세포 재생을 촉진해 보자.

기억력과 생산성을 높인다

밤샘 공부가 장기적으로는 수면의 패턴을 망가지게 하고 건강까지 악화시키듯이 질 좋은 수면은 뇌의 전반적인 기능 향상에 매우 중요하다.

수면 단계에서 우리의 뇌는 그날 배운 것들에 대한 정보를 정리하고 기억을 강화하는 작업을 한다. 즉, 수면이 부족하면 주의력 결핍과 기억력 저하를 가져오지만, 숙면은 그 반대로 작용한다. 밤늦게 스마트폰을 보는 일이 늘어나면 자연스레 학습이나 업무 효율이 떨어지게 되지만, 양질의 수면은 오히려 다음 날 업무 생산성을 높이는 데 도움을 주는 것과 마찬가지다.

또한 수면은 단순한 휴식의 시간을 넘어 우리의 생존에 필수적이다. 만병의 근원이 수면 부족에서 온다는 것을 잊어서는 안 된다. 스트레스를 받는 일이 있어도 충분히 잘 자면 금세 회복되지만, 잠을 못 자면 스트레스가 가중되고 이는 큰 질병으로 이어질 수 있다.

도파민 디톡스를 하는 동안 건강한 수면 패턴을 만들어서 루틴화해 보자. 도파민이 균형을 찾으면 수면 패턴도, 삶도 균형을 찾을 수 있을 것이다.

감정을 조절하고 건강하게 처리한다

바쁜 일상을 보낸 후 푹 자고 일어났을 때 몸도 개운하고 스트레스가 풀리는 느낌을 경험한 적이 있을 것이다. 건강한 수면은 스트레스 호르몬인 코르티솔의 수치를 조절하고 낮추는 역할을 한다.

충분한 수면은 신경계를 안정시키고 스트레스를 관리하는 데 도움을 준다는 연구 결과도 있다.[1] 뇌가 계속 깨어 있으면 그만큼 감정을 처리하는 양도, 시간도 많아지고 스트

도파민 밸런스

레스가 쌓일 수밖에 없다.

또한, 수면은 감정과 기분을 조절하는 데도 매우 중요하다. 수면 부족은 극단적인 기분 변화를 유발해 스트레스, 불안, 우울증 등의 정신 건강 문제를 초래할 수 있다. 반면, 규칙적인 수면은 이러한 부정적인 감정을 완화하고 감정과 기분을 안정시키며 자연스럽게 도파민 수치도 향상된다.

면역력을 충전하는
시간이 된다

숙면은 스트레스 해소뿐 아니라 우리 몸을 회복하고 재충전하는 시간이기도 하다. 이때 우리의 근육은 회복되고, 면역 세포가 활성화되어 질병에 대한 저항력이 높아진다.

"잠은 자연이 준 가장 강력한 약"이라는 말처럼, 수면은 몸과 마음을 재충전하는 강력한 무기다. 이러한 이유로, 규칙적인 수면은 단순한 휴식이 아니라 우리 몸의 회복과 면역력 강화를 위한 꼭 필요한 시간임을 기억하자.

특히 멜라토닌은 저녁 6시경부터 분비되기 시작해 밤 10시쯤 분비가 급상승하고 밤 11시~새벽 1시 사이에 가장 활발하게 분비된다. 멜라토닌의 원활한 분비를 위해서라도 이 시간에 불을 끄고 잠자리에 누워야 한다.

오늘부터 수면의 중요성을 인식하고, 매일매일 충분한 수면 시간을 확보하길 바란다. 건강한 수면 루틴은 삶의 질을 높이는 첫걸음이 될 것이다.

수면의 질을
높이는 방법

"호르몬 문제일까요? 식단 관리도 꾸준히 하고, 운동도 거의 매일 하는데 오히려 살이 찌는 것 같아요."

40대 중반의 윤희 씨는 급격한 체중 증가로 병원을 찾았다. 평소 생활을 살펴보면 특별히 살이 찔 이유가 없었기 때문에 호르몬 문제를 의심했다. 실제로 식단 관리를 했는데도 살이 계속 찌거나 몸이 붓는 느낌이 든다면 호르몬 문제일 가능성이 크다.

호르몬 수치를 검사한 결과, 전반적으로 필요한 호르몬이 부족하고 호르몬 간의 균형 또한 깨져 있었다. 특히나 멜라토닌이 아주 부족했다.

"어쩐지 종일 기운도 없고, 자도 자도 개운하지 않았어요."

최근 카페인 음료를 자주 마신 탓도 있었고, 남편의 잠
버릇이 수면에 영향을 미친 것으로 보였다. 매일 밤 7시간씩
침대에 누워만 있었지 충분히 잠을 자지 못했던 것이다.

멜라토닌 수치를 회복하는 것을 중점으로 두고 디톡스
기간 동안 카페인 음료를 끊었다. 또한 숙면에 도움이 되는
방법들을 찾아 시도했다. 그렇게 한 달간의 디톡스 끝에 부
종이 사라지고, 체중 3킬로그램 감량에 성공했다.

도파민 디톡스 기간에 양질의 잠을 청할 수 있는 몇 가
지 팁을 공유하겠다.

규칙적인 수면 시간
똑같이 7시간을 자더라도 매번 잠드는 시간이 다른 사
람과 일정한 시간에 잠드는 사람 중 어떤 사람이 더 건강하
고 활기찬 생활을 할까?

당연히 후자다. 매일 일정한 시간에 자고 일어나는 습관
을 들이면 우리 몸의 생체 리듬이 그 시간에 맞춰지게 된다.

매번 다른 시간에 잠들고 깨면 그만큼 우리 몸도 스트레스를 받는다. 멜라토닌이 분비되는 시간을 참고해서 규칙적인 수면 시간을 정하자.

편안한 수면 환경 조성

개인의 몸에 맞는 매트리스와 베개는 숙면을 위해 매우 중요하다. 또한 침실은 적정 온도를 유지하고, 어둡고 조용한 환경을 조성해야 한다. 그래서 잠자기 전에는 스마트폰 등을 비롯한 전자기기 사용을 피해야 한다. 전자기기 화면에서 나오는 블루라이트가 멜라토닌의 분비를 방해할 수 있기 때문이다.

많은 사람은 밤이 되면 멜라토닌이 저절로 분비된다고 생각하지만, 사실 멜라토닌이 분비되어야 우리 몸은 밤인 것을 인식한다. 그래서 밤늦도록 침실의 불을 환하게 켜 놓으면 우리의 생체 시계는 빛의 자극에 반응하여 아직 활동하는 시간이라고 착각할 수 있다. 멜라토닌이 정상적으로 분비되지 않으면 우리 몸은 '잠을 자라'는 신호를 받지 못하게 된다.

몸을 이완시키기

활동하면서 굳어진 몸과 마음을 이완시키자. 잠자기 전

에 독서, 명상, 스트레칭 등을 하면 스트레스가 줄어들면서 잠에 잘 들 수 있는 환경을 만들 수 있다.

단, 격렬한 운동은 몸의 에너지를 활성화하여 오히려 잠들기 어려운 상태가 될 수 있기 때문에 잠자기 직전에는 격렬한 운동을 피하는 것이 좋다. 차분한 분위기에서 이완 활동을 통해 몸과 마음을 편안하게 유지하자.

건강한 식습관 기르기

저녁 식사는 배부르지 않을 정도로만 가볍게 하고, 수분 섭취는 적절히 하되 잠자기 직전 과도한 수분 섭취는 피하는 게 좋다. 특히 카페인과 알코올은 수면의 질에 부정적인 영향을 미치므로 저녁 시간에는 마시지 않는 게 좋다. 물도 너무 많이 마실 경우 중간에 화장실을 가느라 잠에서 깰 수 있기 때문에 자기 전에는 건조한 입안을 축일 정도로만 마시자.

숙면에 좋은 음식으로는 바나나, 체리, 아몬드, 오트밀, 우유, 생선, 허브차가 있으며 이들은 각각 마그네슘, 멜라토닌, 트립토판 등 다양한 성분들이 포함되어 있어 수면을 촉진하는 데 도움이 된다.

11장

스트레스
관리
·
선택 아닌
필수 조건

도파민 디톡스 산을 이루는 네 번째 봉우리는 '스트레스 관리'다. 다양한 사람과 환경을 마주하는 우리에게 스트레스는 삶을 지배하는 불가피한 요소다. 이를 어떻게 다루느냐에 따라 삶의 질은 극적으로 달라질 수 있다. 그러므로 효과적인 스트레스 관리는 단순한 선택이 아닌 필수다.

앞서 소개한 디톡스 산을 이루는 봉우리들 운동, 음식, 수면 또한 궁극적으로는 스트레스 관리와 연결되어 있다. 즐

도파민 밸런스

겁게 운동하고, 건강한 식습관을 기르고, 잘 자는 이 모든 것은 스트레스를 줄이고 도파민 수용체의 회복과 도파민 수치의 안정화를 돕는 일이기 때문이다.

평소 스트레스를 잘 관리하는 것이야말로 도파민 디톡스를 성공적으로 마무리 지을 수 있는 길이다.

자연이 주는
평온함 만끽하기

사람과 빌딩으로 가득한 도심을 벗어나 자연 속에서 시간을 보내는 것은 단순한 여가 시간을 넘어 몸과 마음의 스트레스를 확연히 줄이는 데 도움을 준다. 자연환경은 스트레스 호르몬을 감소시키고 기분을 개선하는 효과가 있다. 산책, 하이킹, 캠핑, 정원 가꾸기 등 자연과 함께하는 다양한 활동을 하면 도파민 분비를 촉진하고 도파민 수용체의 회복에 도움이 된다.

먼저 가까운 공원으로 나가 산책부터 시작해 보자. 매일 20~30분 정도 자연을 느끼며 걷는 것만으로도 기분을 전환할 수 있다. 하이킹을 통해 자연의 아름다움과 평온함을 더 깊이 경험하고, 주말에는 캠핑을 떠나보는 것도 추천한다. 숲속에 텐트를 치고, 별빛 아래에서 하룻밤을 보내는 경험은 심리적 안정감을 높이고, 일상의 스트레스를 잊게 해 줄 것이다.

정원을 가꾸거나 집에 화분을 들여 키우는 것도 좋다. 요즘엔 도심 외곽에 있는 주말농장에 참여하기도 하는 등 자연과 가까워지는 기회를 제공하는 활동들도 있으니 이를 활용해 보는 것도 좋겠다. 꽃을 심거나 식물을 돌보는 과정은 마음을 차분하게 하고, 성취감을 느끼게 해 준다. 자연과의 교감을 통해 우리는 더 많은 행복감을 느낄 수 있으리라. 오늘부터 근처 공원이나 산책길로 나가 자연을 보며 하루의 스트레스를 풀고, 기분을 전환해 보기를 바란다.

삶을 풍요롭게 하는 취미 생활

독서, 여행 등 자신을 기쁘게 하는 취미 활동은 뇌의 보상 시스템을 자극하여 긍정적인 감정을 유도하고, 스트레스를 완화하는 데 도움이 된다.

예를 들어, 흥미로운 소설을 읽거나, 여행을 통해 새로운 문화를 경험하는 것은 뇌에 신선한 자극을 주고 행복감을 증대시키는 좋은 방법이다. 반면, TV나 디지털 기기를 통한 취미는 일시적인 즐거움은 줄 수 있지만, 장기적으로는 도파민 균형에 부정적인 영향을 미칠 수 있다.

그러므로 요리, 뜨개질, 사진 촬영, 필사 등 자신이 몰입할 수 있는 흥미로운 취미 활동을 찾아 꾸준히 즐겨 보자. 아침에 30분간 독서를 하거나, 가족들과 함께 요리하며 즐겁게 지내는 것도 추천한다. 또한, 뜨개질로 손수 만든 제품을 친구에게 선물하거나, 특별한 순간을 사진으로 촬영하여 기록하는 것도 의미 있는 취미가 될 수 있다. 혹은 필사를 통해 좋아하는 문장을 따라 쓰며 글쓰기 실력을 향상하고 마음의 평온을 찾아보자.

나 같은 경우 의대생 시절 힘들 때마다 비올라를 배우며 마음의 안정과 평정심을 유지했고, 글을 쓰면서 창의력을 키울 수 있었다. 이러한 취미는 뇌의 보상 시스템을 활성화하고 도파민 수용체의 기능을 향상하는 데 도움을 준다. 나아가 자아 존중감을 높이고, 지속적인 창작 욕구를 불러일으키며, 힘들고 어려운 상황에서도 버티게 해 주는 내적인 동력이 된다.

여러분도 도파민 디톡스 기간 창작의 세계로 발을 내디
며 보는 건 어떨까? 나처럼 새로운 악기를 배우는 데 도전하
거나, 매일매일 일기를 쓰는 것도 좋은 방법이다. 다양한 취
미 활동은 창의력을 자극하고 삶을 더욱 풍요롭게 만들어 줄
것이다.

오감을 활용한
마음 챙김

치열한 현대 사회에서 우리 몸은 각종 스트레스와 불안
에 휩싸이곤 한다. 그런데 이러한 마음의 소용돌이를 잠재우
는 비밀 무기가 의외로 가까이에 있다. 바로 시각, 청각, 후
각, 촉각, 미각, 즉 우리의 '오감'을 활용하는 것이다.

자연이 선사하는 아름다운 풍경을 바라보며 마음을 달
래고, 좋아하는 색깔로 그림을 그려보자. 편안한 음악을 들
으며 감정을 가라앉히고, 자연의 소리를 들으며 내면의 고요
함을 찾아보자. 좋아하는 차나 건강한 간식을 천천히 음미하
며, 그 맛과 향을 온전히 즐겨보자. 이러한 활동들은 우리의
신체와 마음을 진정시키고, 진정한 평온을 찾는 데 큰 도움

이 될 것이다.

시각

색채는 마음을 안정시키는 중요한 요소로, 시각적으로 신경계를 진정시킬 수 있다. 예를 들어 따뜻한 색조의 조명을 사용하여 아늑한 분위기를 연출한다든가, 자연을 주제로 한 포스터의 아름다운 이미지를 방에 걸어 두고 보는 것도 큰 도움이 된다.

눈을 감고 평화로운 정원에서 느끼는 햇살과 바람의 감각을 상상해 보자. 우리가 한적한 숲속이나 잔잔한 호수의 사진을 보면 마음이 편안해지는 이유다. 또한, 빈 면에다가 떠오르는 생각들이나 창의적인 그림을 그려 보는 것도 좋다. 생각만 하던 것을 시각적으로 표현하면서 집중력을 높이고, 스트레스를 해소할 수 있다.

청각

소리는 우리의 감정 상태에 큰 영향을 미치며 특정 소리는 스트레스를 줄이고 우리의 마음을 편안하게 한다. 나도 매일 아침 음악을 듣고 주변 사람에게 좋은 음악을 추천하면서 하루를 시작한다. 실제로 음악은 신경전달물질의 균형을 유지하고 뇌의 감정 센터를 자극하여 행복감을 증진하는 효과가 있다.

실제로 다양한 정신 건강 문제를 관리하는 데 유용한 방법으로 음악 치료를 권장하기도 한다. 우울증이나 불안 장애를 겪는 환자에게 심리적 안정을 제공하고, 정서적 회복에 도움을 줄 수 있다.

특히 클래식 음악은 진정 효과가 뛰어나기 때문에 마음이 복잡한 도파민 디톡스 기간에 잔잔한 클래식 곡이나 피아노 연주를 들으면 심리적 안정을 얻을 수 있다. 예를 들어, 바흐의 〈G선상의 아리아〉나 모차르트의 〈피아노 협주곡 21번〉의 2악장을 들으면 마음이 평온해지고 생각이 맑아진다.

활기찬 하루를 시작하고 싶다면, 신나는 팝 음악이나 경쾌한 리듬의 재즈 음악을, 운동할 때는 비트가 강한 음악이 에너지를 북돋워 줄 것이다. 잠들기 전에는 잔잔한 자연의 소리를 들으며 하루의 스트레스를 해소하는 것도 좋은 방법이다. 요즘엔 유튜브나 앱에서 잔잔한 빗소리, 해안에 부서지는 파도, 바스락거리는 나뭇잎, 지저귀는 새소리로 구성된 긴 재생 목록을 쉽게 찾을 수 있다. 다만, 지금 스마트폰 과다 사용으로 디톡스 중이라면 밤늦게 휴대전화를 이용하는 건 추천하지 않는다.

평소 좋아하는 노래들로 플레이리스트를 만들어 마음이 힘들거나 우울할 때 들어 보는 것도 좋다. 음악은 우리의 정신적, 감정적 건강을 지키는 최고의 동반자가 될 것이다.

후각

감정과 기억에 깊은 영향을 미치는 중요한 감각이 바로 후각이다. 특정 향기는 과거의 기억을 불러일으키고, 기분을 변화시키는 데 큰 역할을 한다.

아로마 요법은 아로마 식물 오일을 사용하여 생리적, 정서적 변화를 유도하는 향기를 만드는 방법이다. 라벤더 오일, 캐모마일, 샌달우드 향 등은 마음을 안정시키고 신경계를 조절한다. 디퓨저를 활용하여 공간을 향기롭게 만들거나, 면봉에 몇 방울 떨어뜨려 직접 흡입하는 것도 효과적이다. 이 외에도 향초, 향이 나는 로션, 허브 베개, 룸 스프레이, 향이 나는 입욕제 등도 마음을 진정시키는 데 큰 도움이 된다.

신선한 허브나 꽃을 방에 배치해 보는 것은 어떨까? 바질, 민트, 라벤더와 같은 허브는 자연의 향기로 공간을 가득 채우며, 시각적으로도 즐거움을 준다. 이러한 방법들은 우리의 마음을 편안하게 한다. 향기의 힘을 활용하여 마음의 평화를 찾아보자.

촉각

신경계를 직접 자극하여 편안함과 안정감을 제공하는 방법으로, 여기서 중요한 것은 우리 개개인에게 안정감을 주는 촉감이 무엇인지를 찾아내는 일이다.

촉감을 고려할 때 다양한 온도와 질감을 고려하는 게 좋다. 예를 들어, 너무 추운 겨울이라면 따뜻한 물로 목욕을 한 뒤 부드러운 목욕 타월로 몸을 감싸 보자. 포근한 타월에 감싸여 있는 느낌만으로도 마음이 진정되는 효과가 있다. 마사지를 통해 신체의 긴장을 풀어 주는 것도 좋은 방법이다. 어떤 사람들은 실크나 벨벳과 같은 부드러운 천의 촉감을 좋아한다. 부드러운 인형이나 쿠션을 안고 있는 것도 마음을 진정시키는 데 효과적이므로 취향에 맞는 촉감을 찾는 것이 우선이다.

그런데 우리가 느끼는 다양한 촉감 가운데서도 가장 좋은 것은 역시 사람의 온기가 아닐까? 사랑하는 사람과의 포옹은 우리의 정신 건강에 놀라운 혜택을 가져다 준다. 손을 잡거나 안아주는 포옹은 단순한 신체 접촉을 넘어 정서적 안정과 행복을 증진하여 도파민 디톡스의 긍정적인 작용을 극대화할 수 있기 때문이다.

한 연구에 따르면, 포옹은 '스트레스 호르몬'인 코르티솔 수치를 감소시키고 면역 체계를 강화하는 데 도움을 준다. 실제로 이 연구의 참가자들은 포옹할 때 '사랑의 호르몬'인 옥시토신 수치가 증가하고 불안감이 줄어드는 게 관찰되었다.[1] 이처럼 포옹은 정신 건강을 증진하고, 우울증이나 불안 장애와 같은 문제를 예방하는 데 도움을 줄 수 있다. 소중한 사람들과 따뜻한 순간을 나눌 때 우리의 삶은 더욱 풍요로워질 것이다.

미각

입안, 더 정확히는 혀에 있는 맛봉오리가 침과 결합한 화학 물질에 반응하는 것으로, 기본적으로는 단맛, 짠맛, 신맛, 쓴맛이라는 네 가지 미각이 있다.

미각은 우리의 감정에 깊은 영향을 미치는 중요한 감각이다. 따뜻한 차 한 잔이나 우유는 우리의 마음에 평온함을 줄 수 있고, 코코아 함량이 높은 다크 초콜릿은 엔도르핀 분비를 촉진하여 기분을 좋게 한다.

도파민 디톡스 기간에는 특히 신맛을 맛보면 좋다. 상큼한 오렌지나 레몬의 신맛은 뇌를 자극하여 활력을 주고 기분을 전환하는 데 효과적이다. 혹은 신선한 민트 잎을 씹는 것도 좋다. 강한 민트 향은 입안을 상쾌하게 하고 집중력을 높이는 데 도움을 준다.

너무 단맛과 혈관 건강에 부정적인 영향을 주는 짠맛은 중독되기 쉬우므로 주의가 필요하다.

강렬한 감각

스위스의 심리학자 카를 융Carl Gustav Jung은 "고통을 피하려고 하는 것은 고통을 더할 뿐이다. 진정한 치유는 고통을 직면하는 데서 시작된다"고 말했다. 이 말은 우리가 겪는 고통이나 불편함은 회피할수록 더욱 깊어지며 진정한 치유는 이러한 감정들을 직면하고, 그것을 통해 성장하는 데서 이루어진다는 뜻이 아닐까.

명확히 오감으로 구분되는 것이 아니더라도 찬물 샤워, 얼음물 목욕 등 강렬한 감각 경험을 해 보는 것이 좋다. 처음에는 차가운 물이 불편하고 고통스럽게 느껴질 수 있다. 하지만 이러한 경험은 우리가 느끼는 갈망과 강한 감정적 스트레스를 관리하는 데 도움을 준다. 찬물에 몸을 담그면 순간적으로 차가운 물이 피부에 느껴지면서, 그 자극에 온전히 집중하게 된다. 이때 다른 생각이나 불안감은 사라지고, 현재의 순간에 몰입하게 되는 것이다.

상상해 보자. 쿠키나 캐러멜 같은 달콤한 간식을 먹고

도파민 밸런스

싶은 강한 충동이 느껴질 때, 찬물 샤워를 하는 것이다. 그 순간엔 즐겁지 않을지도 모른다. 하지만 차가운 물은 신경계를 재설정하는 강력한 도구가 되어 이전의 감정을 일시적으로 차단해 준다. 찬물 샤워는 고통을 피하는 것이 아니라, 그 고통에 직면하고 새로운 시각으로 상황을 바라볼 수 있게 해 주는 중요한 방법인 셈이다.

혼자가 아닌
함께하는 시간의 가치

본래 사회적 존재인 인간은 혼자서는 고립감과 외로움에 빠지기 쉽지만, 함께하는 시간 속에서 긍정적인 생각을 키워 나갈 수 있다. 그리고 이 긍정의 힘은 도파민 디톡스 과정에서 강력한 힘을 발휘한다. 긍정적인 상호 작용은 스트레스를 줄이고, 자신감을 높이며, 도파민의 균형을 되찾는 데 큰 힘이 된다.

건강한 사회관계를 맺기 위해서는 먼저 주변 사람들과의 소통을 강화해야 한다. 혼자 스마트폰을 하고, 혼자 야식을 먹고, 혼자 내내 집에 있을 게 아니라 가족과 시간을 자주 보내거나 시간을 내서 친구와 만나는 것이 좋다. 함께 식사하고 산책하며 진솔한 대화를 나누는 것만으로도 여러 가지 충동과 자극으로부터 벗어날 수 있다.

꼭 가까운 사람이 아니더라도 된다. 동호회에 참여해 공통의 관심사를 가진 사람들과 소통하는 것 역시 긍정적인 관계를 형성하며, 도파민의 과잉 분비를 유도하는 일시적인 쾌감에서 벗어나 새로운 관계에서 오는 즐거움을 경험하게 해준다.

도파민 디톡스는 결코 혼자 하는 것이 아니다. 우리의 일상에서 사회적 관계를 맺은 사람들과 더불어 살며 실천해 나가는 것이 핵심이다. 혼자서는 힘든 여정이지만, 누군가의 응원과 지지가 있다면 그 길은 훨씬 수월해질 것이다.

함께할 때 우리는 더 큰 동기를 얻고, 오랫동안 지속할 수 있으며 마침내 서로의 성장을 끌어낼 수 있으리라. 진정한 변화는 혼자가 아닌, 함께하는 힘에서 비롯된다는 것을 꼭 기억하자.

어느새 이 책의 마지막에 다다랐다. 지금까지 도파민이 무엇이고 어떻게 중독되는지, 중독 행위에서 벗어나 어떻게 하면 긍정적인 습관을 들일 수 있는지 다양한 사례를 통해 그 방법들을 알아보았다.

내가 제시한 모든 방법을 완벽히 실천하지 못해도 괜찮다. 변화의 여정에서는 누구나 넘어지고 실패할 수 있으니까. 그때마다 이 책을 열어 다시 시작하면 된다. 여러분이 변화의 갈림길에서 방황할 때 이 책이 올바른 길을 제시하는 나침반 같은 존재가 된다면, 나로서는 이 책을 집필한 목적을 모두 이룬 셈이다.

여러 번 강조했듯이 도파민 디톡스 과정은 단순한 목표가 아닌, 지속적인 성장과 변화의 여정이다. 이 과정을 통해 더 나은 자신을 발견하고, 습관과 의지에 따라 삶이 얼마나 놀랍게 변할 수 있는지, 그 기적을 꼭 체험하길 바란다.

'호르몬의 노예'가 아닌 '호르몬의 주인'으로서 도파민의 균형을 찾아 더욱 건강하고 행복한 삶을 살아가길, 여러분의 남은 여정이 빛나는 순간들로 가득하길 응원한다.

마지막으로, 내가 늘 환자들에게 하는 말로 여러분의 앞날을 축복하며 이 책을 마무리 짓는다.

"오늘도 건강하시고, 행복한 호르몬이 충만한 하루가 되길 기원합니다."

도파민 10문 10답

Q1

도파민 디톡스를 완료했는데 다시 중독 증상을 보인다면?

— · 우리 뇌의 보상 시스템은 익숙했던 자극을 다시 원하는 경향이 있다. 뭐든지 한 번에 끝내기는 어렵다. 중독 재발을 방지하기 위해서는 꾸준한 관리가 필요하다.

일상에서 실천할 수 있는 방법으로는 우선, 재발 징후를 인식해야 한다. 재발 증상은 도파민 디톡스 후 며칠 또는 몇 주 후에 발생할 수 있으며, 이는 자연스러운 과정이다. 금단 증상과 마찬가지로, 만약 불안감이 느껴지거나 초조한 기분이 들거나, 집중이 안 되면 잠시 하던 것을 멈추고 내가 지금 어떤 기분인지, 어떤 감정 상태인지를 점검해 보자.

다음으로 환경을 재정비해 보자. 중독을 유발했던 요소가 가까이 있지 않은지 다시 주변을 점검하는 것이다. 물리적인 거리 두기는 확실히 도움이 된다. 주변의 방해 요소를 최소화하고, 집중할 수 있는 환경을 다시 만들어야 한다.

일상에 규칙성, 즉 나만의 루틴을 가지는 것도 중독 재발을 막는 중요한 요소다. 매일 같은 시간에 일어나고, 식사하고, 운동하는 루틴을 만들면 뇌의 안정성을 높인다. 규칙적인 습관은 도파민 수치를 조절하는 데 도움을 준다.

앞서 배웠듯 과도한 자극을 방지하기 위해서는 엔도르핀, 옥시토신, 세로토닌과 같은 호르몬들과의 균형도 중요하다. 건강한 운동이나 삶의 의미를 찾아 주는 취미 활동 등을 통해 해당 호르몬들의 분비를 유도하고 불안정한 마음을 안정시켜 보자.

마지막으로, 자책하지 말고 자신을 격려해야 한다. 자책은 상황을 더 악화시킬 뿐이다. 현재 시행착오를 겪고 있는 내 모습을 이해하고, 힘든 순간이지만 조금씩 나아지는 자신에게 "잘하고 있다"고 칭찬을 건네자. 일시적인 쾌감이 주는 유혹에 흔들릴 때마다 도파민 디톡스 과정에서 작성했던 디톡스 일지를 꺼내 보며 자신의 변화를 되짚어 보는 것도 도움이 된다. 중독을 유발하는 환

경에서 벗어나 스스로 통제권을 되찾을 수 있다는 믿음
을 잃지 않아야 한다.

Q2
나이가 들수록 도파민도 줄어드는지?

— • 노화가 진행되면서 우리 몸의 생체시계가 느려지고 자
연스럽게 뇌의 작동 속도 역시 느려진다. 그에 따라 도
파민의 분비도 줄어든다. 노년기에는 기준치 대비 최대
50퍼센트까지 줄어들기도 한다.

도파민 분비량은 뇌의 신경회로를 자극하여 기억의
강도에 영향을 미치는데, 도파민 분비가 줄어들면 기억
의 강도가 약해져 지나간 일에 대한 기억이 흐릿해진다.
똑같은 시간 대비, 상대적으로 기억하는 것이 적기 때문
에 나이가 들수록 점점 한 해가 빨리 지나가는 듯 느껴
지는 것이다.

노화하면서 도파민이 줄어드는 것은 자연스러운 현
상이지만, 조금만 더 신경 써서 노력한다면 도파민이 줄
어드는 속도를 늦출 수 있다.

우선, 새로운 경험을 쌓는 것이 중요하다. 여행을 다
니거나, 전에 해 보지 않았던 새로운 취미를 가지는 등
평소와는 다른 활동을 할 때 자극받은 뇌에서 도파민이
분비된다. 이는 뇌를 자극하고 기억을 강화하는 데 도움

도파민 밸런스

이 된다. 사람이 진정으로 나이 들 때는, 새로운 도전을 멈출 때라는 말도 있지 않은가.

나이 들수록 규칙적인 운동은 선택이 아니라 필수다. 운동은 도파민 수치를 증가시키는 데 그 어떤 것보다 효과적이며 뇌 건강을 유지하는 데 도움을 준다. 주 5회 이상, 하루 30분씩 유산소 운동과 중저강도의 근육 운동을 개개인의 컨디션에 맞춰 적절하게 병행하면 기억력 강화에 효과적이다.

사회적 상호작용을 늘리는 활동도 필요하다. 가족은 물론 친구, 이웃, 새로운 사람과의 교류는 긍정적인 감정을 유도하고 도파민 분비를 촉진한다. 정기적인 모임이나 동호회에 참여하는 것도 좋은 방법이다.

Q3

매일 새벽까지 유튜브를 시청하면서 기억력이 떨어지는 느낌인데 도파민에 중독되면 지능이 낮아지는지?

—• 흥미로운 영상 콘텐츠가 끝없이 쏟아지면서 한정된 시간 안에 다양한 영상을 즐기고 싶어 하는 이들이 많아졌다. 그러면서 유튜브를 시청할 때도 빠른 배속, 광고 없는 시청이 가능한 유튜브 프리미엄을 사용한다. 주변에 사용하지 않는 사람을 찾기 힘들 정도다.

자극적인 콘텐츠를 시청하면 도파민이 분비되며 더

욱 쾌감을 느끼게 되는데 빠른 배속으로 콘텐츠를 시청하면 기존의 속도보다 더 빠르게, 더 즉각적인 쾌감을 얻으면서 도파민의 분비를 촉진한다.

특히 유튜브 프리미엄의 경우 광고 없이 콘텐츠를 볼 수 있다 보니 시청 중단 없이 계속 자극이 이어지기 때문에 뇌의 보상 시스템을 지속적으로 자극하여 도파민의 분비를 증가시킨다. 이런 메커니즘이 반복되면서 결국 자극에 의존하게 만든다. 사용자는 콘텐츠를 자주, 많이 이용하게 되고, 도파민 중독에 빠질 가능성이 더욱 커지는 것이다. 우리 뇌는 어느새 이 빠르고 즉각적인 자극에 익숙해져서 조금만 내용이 길어져도 지루하다고 느끼게 된다.

앞서 도파민이 학습과 기억력, 집중력 등 인지 기능에도 관여한다는 것을 배웠다. 도파민이 과도하게 분비되거나 부족하면 뇌의 지능이 낮아진다기보다는 도파민의 불균형이 집중력 저하를 유발하여 기억력이 떨어지는 것이다.

이는 최근 청소년의 학습 능력, 문해력에도 부정적인 영향을 미친다. 어린 시절부터 과도한 디지털 기기 사용으로 도파민의 균형이 깨지면 성장 기간 내내 이로 인한 문제가 발생할 수 있기에 특히 주의해야 한다.

또한 도파민 수치가 비정상적으로 높거나 낮아지면

'단기 기억'과 '작업 기억'이 저하되어 전반적인 기억에 어려움을 겪을 수 있다. 특히, 도파민 중독은 감정 조절에도 관여하여 감정적으로 불안하거나 심하면 우울증을 유발하는데 이 역시 인지 기능에 부정적인 영향을 미칠 수 있다.

이런 상황을 예방하기 위해서는 콘텐츠 소비 시간을 제한하여 도파민의 과잉 분비를 예방하는 것이 중요하다. 하루 유튜브 시청 시간을 1시간 이내로 정하고 이를 실천하는 것이다. 도파민 디톡스 2단계 '방해 요소와 멀어지기'에서 배웠듯이 하루 24시간을 블록으로 나누어 특정 시간에 정해진 활동을 하면서 집중력과 기억력을 높일 수 있다. 평소 유튜브를 보던 시간에 독서나 필사 또는 요가, 수영 등 다른 활동을 하는 것도 좋다.

영상을 시청할 때는 의도적으로라도 배속 설정을 하지 않고, 기존 속도대로 보는 습관을 들이자. 일단 한 영상을 기본 속도로 끝까지 시청한 다음에 다른 영상을 보는 식으로 시청의 흐름을 조절하면 도파민의 분비를 조절하는 데 도움이 된다.

이 외에도 다양한 학습 경험을 쌓는 것이 중요하다. 개인적으로는 책 읽기를 추천한다. 자주 읽는 게 부담스럽다면 '한 달에 책 한 권 읽기'라는 목표를 세워 보면 어떨까?

단시간에 과한 도파민을 유발하게 하는 스마트폰 대신 다양한 분야의 지식을 습득할 수 있다는 장점도 있고, 더불어 인지 기능도 향상될 수 있는 일거양득의 효과를 얻을 수 있으리라.

Q4

금연하면 정말 도파민 균형이 회복되는지?

— • 니코틴은 짧은 시간 안에 뇌의 보상 시스템에 직접 작용하여 도파민의 분비를 증가시키고 흡연자는 쾌감을 느끼게 된다. 그러나 금연을 시작하면 이러한 즉각적인 보상을 잃게 되어 도파민 수치가 급격히 감소한다.

그래서 금연 초기에는 도파민 수치의 감소로 뇌의 보상 시스템이 변화를 겪으면서 불안, 우울, 집중력 저하와 같은 금단 증상이 나타날 수 있다. 보통 이 구간을 견디지 못하고 다시 흡연하게 되는 경우가 많은데, 시간이 지남에 따라 도파민 수치는 다시 균형을 되찾게 되므로 이 구간을 잘 견뎌야 한다.

금연을 지속하면 뇌가 니코틴의 영향을 받지 않는 새로운 상태에 조금씩 적응해 나가면서 도파민 수치가 점차 회복되고, 개인차는 있겠지만 금연 후 대략 3주에서 3개월 정도가 지나면 뇌는 자연적인 보상 시스템을 재구성하여 활성화한다. 이 과정에서 운동이나 균형 잡힌

도파민 밸런스

건강한 식사, 사회적 상호 작용이 더해지면 금연으로 생긴 우울감을 완화하는 데 도움이 된다.

또한, 금연 후 건강이 좋아진다거나 성취감을 맛보면 뇌는 이 새로운 보상을 통해 도파민을 적절히 분비하면서 다시 도파민은 균형을 맞추어 나간다.

그러니, 금연 초기에 금단 증상으로 힘들다고 포기하지 말자. 인내 없는 성취는 없다!

Q5
비만인 경우 그렇지 않은 사람보다 도파민 분비량이 많은지?

— • 실제로 비만한 사람의 경우, 뇌의 보상 시스템에서 도파민의 작용이 변할 수 있다. 달고, 맵고, 짠 음식과 같은 자극적인 요소는 도파민의 분비를 증가시킨다. 하지만, 비만일 때 도파민 수용체의 민감도와 수용체의 수가 감소하여 같은 양의 도파민이 분비되더라도 보상감을 덜 느끼게 되고, 더 강한 보상을 얻기 위해 더 많은 음식을 섭취하게 되는 악순환이 발생할 수 있다. 결국 계속 과식을 하게 되는 것이다.

이러한 맥락에서 폭식 또한 도파민 중독과 관련이 깊다. 자극적인 음식은 일시적인 쾌감을 제공하여 도파민 수치가 급격히 상승하고, 즉각적인 만족감을 얻게 되지만, 또 그만큼 도파민이 급격히 감소되어 초조함과 불쾌감을 경험하게 된다. 이는 마치 약물 중독과 유사한 방식으로 도파민 수치가 떨어지면서 오는 부정적인 감정을 없애기 위해 즉각적인 위안을 주는 음식을 찾게 되고, 점점 더 자극적인 음식을 더욱 많이 탐닉하는 악순환으로 이어진다.

상황을 개선하기 위해서는 가장 먼저 식습관을 바꾸는 것이 중요하다. 인스턴트, 패스트푸드 등 호르몬 균형에 부정적인 영향을 미치는 식단을 지양하고 탄수화물, 지방, 단백질, 비타민, 무기질 등 5대 영양소를 충족할 수 있는 '균형 잡힌 식단'을 구성해 보자. 그리고 이를 '정해진 시간'에 규칙적으로 섭취하면 도파민 수치를 안정적으로 유지하는 데 도움이 된다.

그뿐만 아니라 스트레스가 쌓이면 도파민 수치가 불안정해지면서 신체와 정신 건강에 악영향을 끼쳐 폭식으로 이어지기 쉽기 때문에 스트레스 관리도 필수다. 명상이나 스트레칭 같은 이완 기법을 통해 스트레스를 줄이고, 규칙적인 운동을 통해 도파민의 균형을 유지하자.

Q6

동물도 도파민에 중독될 수 있는지?

— • 도파민은 인간과 마찬가지로 동물의 중추신경계에도 비슷한 영향을 미치며 동물의 행동과 학습, 생리적 반응

에 깊이 관여한다. 즉, 동물들에게도 특정 자극을 반복
적으로 추구하는 증상이 나타날 수 있다.

1954년 미국 생물 심리학자 제임스 올즈James Olds와 신
경과학자 피터 밀너Peter Milner가 몬트리올 맥길대에서
진행한 실험에서 도파민의 중독 사례가 관찰되기도 했
다. 쥐의 뇌 속 시상하부에 전극을 삽입한 뒤 전기적 자
극을 통해 도파민 분비를 유도할 수 있는 지렛대를 설치
했더니, 쥐들은 음식이나 물을 섭취하지 않고 시간당 평
균 7000번 해당 장치를 눌렀다. 심지어 하루 종일 쉬지
않고 지렛대를 눌린 쥐도 있었다. 영양분을 섭취하지 못
한 채 도파민 분비에만 빠져 있던 몇몇 쥐는 결국 죽음
을 맞이했다. 이 실험은 포유류의 도파민 중독 메커니즘
을 잘 보여 준 사례다.[1]

반려동물이 특정 음식이나 장난감에 지나치게 집착
하는 것도 도파민과 어느 정도 연관이 있을 가능성이 있
다. 도파민 중독 행동이 음식, 수면 등 기본적인 욕구를
무시할 정도로 지나치면 동물의 건강까지 해칠 수 있으
므로 주의해야 한다.

다만, 사람의 도파민 중독 여부도 생활 습관을 잘 파
악해야 하듯이 동물도 생활 환경, 또는 유전적 요인 등
에 따라 달라지기도 하고, 인간과는 다른 특성을 고려해
야 할 수도 있기 때문에, 중독 문제가 있다고 판단될 경

우엔 수의학 쪽이나 행동 교정 전문가 등 동물 관련 전문가들의 조언을 구할 것을 권한다.

연인을 두고 바람피우는 것도 도파민과 관련이 있는지?

— • 우리가 사랑에 빠질 때 도파민과 옥시토신, 엔도르핀 등 여러 호르몬이 복합적으로 작용한다. 이 호르몬들 가운데 도파민은 뇌의 보상 시스템에 작용해 여러 행동과 감정에 영향을 미친다.

한 청년이 짝사랑하는 여성이 생겼다고 가정해 보자. 그는 그 여성의 마음을 얻는 것을 목표로 온갖 노력을 할 것이고, 본격적인 연애를 시작함으로써 상대의 육체적, 정신적 사랑이라는 보상을 얻게 된다.

하지만 안타깝게도 연애 초반에 느낀 설렘과 짜릿함은 영원히 지속되지 않는다. 열정적으로 타오르던 사랑이 뇌와 호르몬의 정교한 상호 작용으로 호르몬 반감기에 접어들면서 서서히 식어가는 것이다. 일반적으로 사랑에 빠졌을 때 분비되는 호르몬의 활발한 작용은 18개월~30개월 정도 유효하다고 본다. 사랑의 열정이 지속되는 기간도 길어야 2~3년 정도로 보는 것이다.

사람마다 시기는 다르겠지만, 사랑의 배터리가 수명을 다할 때 우리는 본능적으로 권태를 느끼고, 이 배터리를 재충전하려고 한다. 즉, 새로운 이성에게 매력을 느끼기 시작한다.

이때 권태기를 슬기롭게 넘어가는 사람도 있지만, 누군가는 새로운 사람과의 관계에서 느끼는 흥분이나 쾌감을 통해 도파민의 분비를 증가시키려고 한다.

그런데 중요한 것은, 누구나 다 이런 일시적인 쾌감을 좇아 바람을 피우지는 않는다는 사실이다. 연인과의 첫 만남에서 느꼈던 설렘과 열정은 희미해져도 끈끈한 애착과 유대감이 서로에게 안정을 주는 관계로 바뀌기 때문이다. 또한 비윤리적인 만남은 상대에게 상처를 줄 수 있으므로 사람들은 의식적으로 바람을 피우지 않으려 노력한다. 새로운 이성에게 매력을 느낄 수는 있지만, 무조건 본능대로 행동하지 않는 것이다.

그래서 병적으로 반복해서 바람을 피운다면 도파민 중독 증상을 의심해 볼 수 있다. 과한 자극이 반복되면 조그만 자극으로는 기존의 만족감을 얻을 수 없게 되기 때문에 더 강한 자극을 원하는 것이다. 이렇게 되면 도파민 수치의 불균형으로 중독 증상은 더욱 심각해질 수 있다.

Q8

사이코패스도 도파민 분비에 문제가 있다고 볼 수 있는 건지?

— • 사이코패스는 공감 능력이 떨어지고 타인의 감정에 무감각하며 다른 사람의 권리를 대수롭지 않게 침해하거나 사회 규범을 반복적으로 어기고도 죄책감을 느끼지 못하는 특징이 있다. 이러한 행동은 도파민 시스템의 비정상적인 작용과 관련이 있을 수 있다.

실제로 도파민이 과도하게 분비되면, 뇌의 보상 시스템이 비정상적으로 활성화되어 즉각적인 쾌감을 추구하게 된다. 이 과정에서 상대방의 감정이나 상황을 고려하지 않고 폭력적인 행동을 선택할 가능성이 커진다. 코카인 등 특정 약물을 사용할 시 도파민 수치가 급격히 증가하여 충동적이고, 공격적인 행동을 유발할 수 있듯이 사이코패스의 경우도 마찬가지다.

또한 이들은 자극에 대한 도파민 분비가 비정상적으로 과도하게 분비되기도 하지만 도파민 수용체의 민감도는 낮아져서, 궁극적으로 보상에 대한 반응이 둔감한 편이다. 그래서 적은 자극으로는 쾌감을 느끼기가 어렵다. 즉, 위험하거나 극단적인 범죄적 행동을 통해서만 쾌감을 느끼게 되는 것이다.

타인의 감정을 이해하거나 공감하지 못하기 때문에 자신의 쾌락을 위해 타인을 조종하거나 잔혹하게 해치는 행동을 할 수 있다. 이러한 행동은 도파민 불균형에 따른 자극 추구 방식으로 볼 수 있다.

문제를 해결하기 위해서는 정신과 의사나 심리학자와의 상담을 통해 문제의 행동 패턴을 이해하고, 도파민 시스템의 균형을 맞추는 방법을 배워야 한다. 예를 들어, 인지 행동 치료Cognitive Behavioral Therapy, CBT 등을 통해 부정적인 행동 패턴을 수정하고, 감정 조절 기술을 익히는 것이다.

Q9
멀티태스킹도 도파민 분비 문제를 유발하는지?

— • 여러 작업을 동시에 수행하면 다양한 자극을 한꺼번에 경험하게 되면서 도파민이 계속 분비된다. 예를 들어 공부를 하면서 SNS 피드를 보는 경우가 이에 해당한다. 두 가지 자극을 동시에 받아 도파민이 지속적으로 분비되면, 뇌는 이러한 자극을 반복적으로 추구하게 되고 결국 멀티태스킹 행위에 의존하게 되는 경향을 보인다. 공부의 효율성이 떨어지는 걸 알면서도, 책을 폄과 동시에 SNS에 들어가게 되는 것이다. 나중에는 책을 보는 건지 SNS를 보는 건지 구분하기 어려운 지경에 이른다.

습관화된 멀티태스킹은 뇌 보상 시스템의 비정상적인 작동을 유발한다. 다양한 자극이 주는 즉각적인 보상 경험 탓에 나중에는 단일한 자극의 강도가 너무 약하게 느껴지고, 결국 더 많은 자극을 요구하게 된다. 끝내는 중독적인 행동으로 발전하게 될 수도 있다.

이를 예방하기 위해서는 우선 집중할 수 있는 환경을 조성하고, 부득이하게 멀티태스킹을 해야 하는 상황을 제외하곤 평소 한 번에 하나의 일을 처리하는 연습이 필요하다. 메신저 알림음과 같은 불필요한 자극을 차단하고, 되도록 할 일 목록을 미리 적어 둔 다음에 완료했으면 체크 표시를 하는 식으로 패턴을 만들어 보자. 우리의 뇌가 일정한 패턴에 익숙하게끔 루틴화하는 것이 좋다.

여러 가지 일을 한 번에 처리해야 하는 경우에도 그 일들이 끝나면 바로 다른 일을 이어서 하지 말고, 잠깐 쉬는 시간을 가져 보자. 짧은 시간 가만히 눈을 감고 틈새 명상을 하는 것만으로도 과부하 상태의 뇌에 휴식을 제공해 연속적인 자극을 끊어 낼 수 있다.

Q10
그럼에도 도파민이 우리 삶에 도움이 되는 측면이 있다면 무엇인지?
— • 도파민은 보상과 동기 부여에 중요한 역할을 하는 만큼 균형 잡힌 도파민은 충분히 유익한 역할을 한다.

예를 들어, 운동이나 학습 활동을 할 때 분비되는 도파민 덕에 이러한 행동을 반복하고자 하는 욕구가 증가한다. 건강과 학습 능력 향상이라는 보상을 얻으면, 다시 또 해당 행위를 하고 싶어지는 긍정적인 선순환을 일으킨다. 이 과정이 반복되면 운동 습관과 공부 습관을 형성할 수 있다.

나아가 도파민은 창의성을 자극하는 데 도움이 된다. 예를 들어, 예술가가 새로운 작품을 만들 때 다양한 경험을 통해 도파민을 자극하면, 확산적 사고를 통해 독창적인 아이디어를 떠올리고 끌어낼 수 있다.

이뿐 아니라 사회적 상호작용을 촉진하기도 한다. 봉사활동 같은 긍정적인 사회적 경험은 도파민 분비를 증가시켜 사람들 간의 유대감을 강화하고 상호작용의 질을 높이는 데 기여한다.

기억해야 할 점은 도파민의 작용으로 긍정적인 결과를 가져오려면, 그 행위가 건강하고 생산적인 방향이어야 한다는 것이다. 과유불급 원칙에 따라 건강한 생활 습관을 길러 도파민의 균형을 유지하려고 노력하자.

2장

1 ISCBFM, "Journal of Cerebral Blood Flow & Metabolism.", *Sage Journals*, 41(11), 2021. 11., 2973-2985.
2 Schultz, W., Dayan, P., & Montague, P. R., "A neural substrate of prediction and reward.", *Science*, 275(5306), 1997, 1593-1599.
3 Phillips, P. E. M., Stuber, G. D. et al., "Dopamine is required for the motivation of food reward.", *Nature Neuroscience*, 6(8), 2003, 848-854.

3장

1 대한민국 대검찰청 마약조직범죄부 마약과, *2023년 마약류 범죄 백서*, 2024.
2 Nora D Volkow & Roy A Wise, "How can drug addiction help us understand obesity?", *Nature Neuroscience*, 8(5), 2005, 556-60,
3 Citrus County Chronicle
4 PISA, *21st-Century Readers: Developing Literacy Skills in a Digital World*, OECD Publishing, 2021.

5 "The Negative Effects of Low Dopamine.", *Modern Mind Masters*, 2022. 11. 20., https://www.modernmindmasters.com/negative-effects-of-increasing-dopamine.

6 Lee, S. K., Son, B. G. et al., "Temperament Character Profiles and Contributing Factors to Problem Drinking Behavior in Adolescents of Alcoholics.", *Hallym University*, 2007.

7 Kim, J. H., & Lee, S. Y. "The relationship between various addictions and life satisfaction among Korean adults.", *Korean Journal of Health Psychology*, 25(3), 2020, 123-135.

8 Kim, H. J., "Neurobiological factor of treatment response associated with dopamine D2 receptor in internet gaming addiction.", Seoul National University, *SCIENCE ON*, 2019. TRKO202000000143.

9 Allen, K. J. D., & Gabbay, F. H., "The amphetamine response moderates the relationship between negative emotionality and alcohol use.", *Alcoholism: Clinical & Experimental Research*, 37(2), 2013, 348-360.

10 Virginia Tech Health Behavior Research Center, "Effects of high-fat and high-sugar diets on dopamine production in the brain.", *Virginia Tech*, 2021.

11 Gearhardt, A. N. et al., "Prevalence of Food Addiction in Adults and Adolescents: A Meta-Analysis of 281 Studies Across 36 Countries.", *British Medical Journal(BMJ)*, 2023.

12 Smith, J., & Brown, L. "The impact of ultra-processed food consumption on health outcomes: A longitudinal study.", *BMJ*, 2024.

13 한국도박문제예방치유원, 도박문제 인구학적 통계, 2024.

4장

1 Huberman, A., "Controlling Your dopamine for motivation, focus & satisfaction.", *YouTube*, 2021. 09. 21., Retrieved from https://www.youtube.com/watch?v=QmOF0crdyRU&t=420s

2 Nora D. Volkow, Linda Chang. et al., "Loss of Dopamine Transporters in Methamphetamine Abusers Recovers with Protracted Abstinence.", *Journal of Neuroscience*, 21(23), 2021. 12. 01., 9414-9418.

3 Sepah, C. "The definitive guide to Dopamine Fasting 2.0-The hot Silicon Valley trend.", *LinkedIn*, 2019, Retrieved from https://www.linkedin.com/embeds/publishingEmbed.html?articleId=7162252445777484351

6장

1 Pearson, F. S., Prendergast, M. L. et al., "Meta-analyses of seven of the National Institute on Drug Abuse's principles of drug addiction treatment.", *Journal of substance abuse treatment*, 43(1), 2012, 1-11.

2 Larson, N., & Story, M., "A review of environmental influences on food choices. Annals of Behavioral Medicine.", *Annals of Behavioral Medicine*, 38(1), 2009, 56-73.

3 Mischel, W., Ebbesen, E. B. et al., "Cognitive and attentional mechanisms in delay of gratification.", *Journal of Personality and Social Psychology*, 21(2), 1972, 204-218.

4 Mischel, W., Shoda, Y. et al., "Delay of gratification in children.", *Science*, 244(4907), 1989, 933-938.

5 Schlam, T. R., Wilson, N. L. et al., "Preschoolers' delay of gratification predicts their body mass 30 years later.", *The Journal of Pediatrics*, 162(1), 2013, 90-93.

6 Banfield, E. C., *The Unheavenly City: The Nature and Future of Our Urban Crisis.*, Little Brown and Company, 1970.

9장

1 Innes, J. K., & Calder, P. C., "Marine Omega-3 (N-3) Fatty Acids for Cardiovascular Health: An Update for 2020". *International Journal of Molecular Sciences*, 21(4), 2020, 1362.

2 Johnson, M., & Ostlund, S., "Review on the Efficacy of Omega-3 in the

Treatment of Attention-Deficit Hyperactivity Disorder.", *Journal of Child Psychology and Psychiatry*, 62(4), 2021, 458-472.

3 Barrio, C., Arias-Sánchez, S. et al., "The gut microbiota-brain axis, psychobiotics and its influence on brain and behaviour: A systematic review.", *Psychoneuroendocrinology*, 137, 2022, 1-9.

4 FeelGoodPal, "Ways to increase dopamine.", 2023. 06. 07., Retrieved from https://feelgoodpal.com/blog/ways-to-increase-dopamine/

10장

1 Kim, M. H. & Park, S. H., "Effects of Sleep Duration on Stress and Depression in College Students.", *Journal of The Korean Society of Integrative Medicine*, 9(4), 2021, 261-270.

11장

1 Li Dai., C. Sue Carter., "Oxytocin and Vasopressin Are Dysregulated in Williams Syndrome, a Genetic Disorder Affecting Social Behavior.", *PLOS ONE*, 2012. 06. 22., https://journals.plos.org/plosone/article?id=10.1371/journal.pone.0038513

부록

1 Olds, J., & Milner, P., "Positive reinforcement produced by electrical stimulation of septal area and other regions of rat brain.", *Journal of Comparative and Physiological Psychology*, 47(6), 1954, 419-427.

참고문헌

Montagu, K. A., "Catechol compounds in Rat Tissues and in Brains of
Different Animals.", *Nature*, 180(4579), 1957, 244-45.

Adinoff, B., "Neurobiologic Processes in Drug Reward and Addiction.",
Harvard Review of Psychiatry, 12(6), 2004, 305-20.

Zhou, Q. Y., & R. D. Palmiter., "Dopamine-Deficient Mice Are Severely
Hypoactive, Adipisic, and Aphagic.", *Cell*, 83(7), 1995, 1197-1209.

Depue, R. A. et al., "Dopamine and the Structure of Personality: Relation
of Agonist-Induced Dopamine Activity to Positive Emotionality.",
Journal of Personality and Social Psychology, 67(3), 1994, 485-498.

Wacker, J. et al., "Investigating the Dopaminergic Basis of Extraversion in
Humans: A Multilevel Approach.", *Journal of Personality and Social
Psychology*, 91(1), 2006, 171-87.

Curtis, J. T., Liu, Y., Aragona, B. J. et al., "Dopamine and monogamy.", *Brain
Research*, 1126(1), 2006, 76-90.

Froemke, R. C. et al., "Oxytocin, Neural Plasticity, and Social Behavior.",
Annual Review of Neuroscience, 44, 2021, 359-381.

Gobrogge, K. L., & Z. Wang. "The Ties That Bond: Neurochemistry of Attachment in Voles.", *Current Opinion in Neurobiology*, 38, 2016, 80-88.

Burén, J., Nutley, S. B. et al., "Gaming and social media addiction in university students: sex differences, suitability of symptoms, and association with psychosocial difficulties.", *Frontiers in Psychiatry*, 12, 2021.

"Dopamine fasting: Misunderstanding science spawns a maladaptive fad.", *Harvard Medical School*, 2020. 02. 26. https://www.health.harvard.edu/blog/dopamine-fasting-misunderstanding-science-spawns-a-maladaptive-fad-2020022618917

Brevers, D., & Turel, O., "Strategies for self-controlling social media use: Classification and role in preventing social media addiction symptoms.", *Journal of Behavioral Addictions*, 8(3), 2019, 554-563.

Fei, Y. Y., Johnson, P. A. et al., "Maladaptive or misunderstood? Dopamine fasting as a potential intervention for behavioral addiction.", *Lifestyle Medicine*, 2021.

van der Weiden, A., Benjamins, J. et al., "How to form good habits? A longitudinal field study on the role of self-control in habit formation.", *Frontiers in Psychology*, 11, 2020.

Abi-Jaoude, E., Naylor, K. T. et al., "Smartphones, social media use and youth mental health.", *CMAJ*, 192(6), 2020, 136-141.

Mosquera, R., Odunowo, M. et al., "The economic effects of Facebook.", *Experimental Economics*, 2019.

Davis, C., Cohen, A. et al., A. "Attention-deficit/hyperactivity disorder in relation to addictive behaviors: A moderated-mediation analysis of personality-risk factors and sex.", *Frontiers in Psychiatry*, 6, 2015.

Young, L. J., & Z. Wang. "The Neurobiology of Pair Bonding.", *Nature Neuroscience*, 2004.

Aron, A., et al., "Reward, Motivation, and Emotion Systems Associated with Early-Stage Intense Romantic Love.", *Journal of Neurophysiology*, 2005.

Takahashi, T., et al., "Imaging the Passionate Stage of Romantic Love by Dopamine Dynamics.", *Frontiers in Human Neuroscience*, 2015.

Klos, K., et al., "Pathological Hypersexuality Predominantly Linked to Adjuvant Dopamine Agonist Therapy in Parkinson's Disease and Multiple System Atrophy.", *Parkinsonism Related Disorder*, 2005.

Singh, A., et al., "Risk Factors for Pathologic Gambling and Other Compulsions Among Parkinson's Disease Patients Taking Dopamine Agonists.", *Journal of Clinical Neuroscience*, 2007.

Garcia, J. R., et al., "Associations Between Dopamine D4 Receptor Gene Variation with Both Infidelity and Sexual Promiscuity.", *PLOS ONE*, 2010.

Leknes, S., & I. Tracey., "A Common Neurobiology for Pain and Pleasure.", *Nature Reviews Neuroscience*, 9(4), 2008, 314-20.

Gowing, L. R., et al., "Global Statistics on Addictive Behaviours: 2014 Status Report.", *Addiction*, 110(6), 2015, 904-919.

Sepah, C. "The definitive guide to Dopamine Fasting 2.0-The hot Silicon Valley trend.", *LinkedIn*, 2019, Retrieved from https://www.linkedin.com/embeds/publishingEmbed.html?articleId=7162252445777484351

Sussman, S., & A. N. Sussman., "Considering the Definition of Addiction.", *International Journal of Environmental Research and Public Health* 8(10), 2011, 4025-4038.

Grant, K., "Dopamine fast: The hunger and boredom were intense.", *BBC*, 2020. 01. 03., Retrieved from https://www.bbc.com/news/newsbeat-50834914.February 23, 2021.

Uncapher, M. R., & Wagner, A. D., "Minds and brains of media multitaskers: Current findings and future directions.", *Proceedings of the National*

Academy of Sciences of the United States of America, 115(40), 2018, 9889-9896.

PISA, *21st-Century Readers: Developing Literacy Skills in a Digital World*, OECD Publishing, 2021.

Virginia Tech Health Behavior Research Center, "Effects of high-fat and high-sugar diets on dopamine production in the brain.", *Virginia Tech*, 2021.

Smith, J., & Brown, L., "The impact of ultra-processed food consumption on health outcomes: A longitudinal study.", *BMJ*, 2024.

Park, M. S., "Exploring Interventions and Treatments for the Children of Alcoholics: Focusing on Psychological Aspects.", *Korean Journal of Science and Emotion Sensibility*, 25(2), 2022, 101-110.

Lee, S. K., Son, B. G. et al., "Temperament Character Profiles and Contributing Factors to Problem Drinking Behavior in Adolescents of Alcoholics.", *Hallym University*, 2007.

Kim, H. J., "Neurobiological factor of treatment response associated with dopamine D2 receptor in internet gaming addiction.", Seoul National University, *SCIENCE ON*, 2019. TRKO202000000143.

Kim, J. H., & Lee, S. Y. "The relationship between various addictions and life satisfaction among Korean adults.", *Korean Journal of Health Psychology*, 25(3), 2020, 123-135.

Benabid, A. L., Pollak, P. et al., "Long-term suppression of tremor by chronic stimulation of the ventral intermediate thalamic nucleus.", *Lancet*, 337, 1991, 403-6.

Okun, M. S., "Deep-brain stimulation—entering the era of human neural-network modulation.", *New England Journal of Medicine* 371, 2014, 1369-73.

Hariz, M., Blomstedt, P., & Zrinzo, L. "Future of brain stimulation: new targets, new indications, new technology.", *Movement Disorders*, 28,

2013, 1784-92.

Schultz, W., Dayan, P., & Montague, P. R., "A neural substrate of prediction and reward.", *Science*, 275(5306), 1997, 1593-1599.

Schlam, T. R., Wilson, N. L. et al., "Preschoolers' delay of gratification predicts their body mass 30 years later.", *The Journal of Pediatrics*, 162(1), 2013, 90-93.

Huebert, N. D., Palfreyman, M. G., & Haegele, K. D., "A comparison of the effects of reversible and irreversible inhibitors of aromatic L-amino acid decarboxylase on the half-life and other pharmacokinetic parameters of oral L-3,4-dihydroxyphenylalanine.", *Drug Metabolism and Disposition*, 11, 1983, 195-200.

Banfield, E. C., *The Unheavenly City: The Nature and Future of Our Urban Crisis.*, Little Brown and Company, 1970.

Haber, S. N. "The place of dopamine in the cortico-basal ganglia circuit.", *Neuroscience*, 282, 2014, 248-57.

Schultz, W., "Getting formal with dopamine and reward.", *Neuron*, 36, 2002, 241-63.

Ledonne, A., & Mercuri, N. B., "Current concepts on the physiopathological relevance of dopaminergic receptors.", *Frontiers in Cellular Neuroscience*, 11, 2017, 27.

Gerfen, C. R., Engber, T. M. et al., "D1 and D2 dopamine receptor-regulated gene expression of striatonigral and striatopallidal neurons.", *Science*, 250, 1990, 1429-32.

Palacios, J. M., Camps, M., Cortes, R., & Probst, A. "Mapping dopamine receptors in the human brain.", *Journal of Neural Transmission* 27, 1988, 227-35.

Camps, M., Cortes, R. et al., "Dopamine receptors in human brain: autoradiographic distribution of D2 sites.", *Neuroscience*, 28, 1989, 275-90.

도파민 밸런스

Tziortzi, A. C., Searle, G. E. et al., "Imaging dopamine receptors in humans with 11C-(+)-PHNO: dissection of D3 signal and anatomy.", *NeuroImage*, 54, 2011, 264-77.

Flores, G., Liang, J. J. et al., "Expression of dopamine receptors in the subthalamic nucleus of the rat: characterization using reverse transcriptase–polymerase chain reaction and autoradiography.", *Neuroscience* 91, 1999, 549-56.

Schultz, W., "Predictive reward signal of dopamine neurons.", *Journal of Neurophysiology*, 80(1), 1998, 1-27.

Wood, M., Dubois, V., Scheller, D., & Gillard, M., "Rotigotine is a potent agonist at dopamine D1 receptors as well as at dopamine D2 and D3 receptors.", *British Journal of Pharmacology*, 172, 2015, 1124-35.

Perachon, S., Schwartz, J. C., & Sokoloff, P., "Functional potencies of new antiparkinsonian drugs at recombinant human dopamine D1, D2 and D3 receptors.", *European Journal of Pharmacology* 366, 1999, 293-300.

Vizi, E. S., "Role of high-affinity receptors and membrane transporters in nonsynaptic communication and drug action in the central nervous system.", *Pharmacological Reviews*, 52, 2000, 63-89.

Kelly, C., De Zubicaray, G. et al., "L-DOPA modulates functional connectivity in striatal cognitive and motor networks: a double-blind placebo-controlled study.", *Journal of Neuroscience*, 29, 2009, 7364-78.

Li, Q., Ke, Y., Chan, D. C. et al., "Therapeutic deep brain stimulation in Parkinsonian rats directly influences motor cortex.", *Neuron*, 76, 2012, 1030-41.

Naito, A., & Kita, H., "The cortico-pallidal projection in the rat: an anterograde tracing study with biotinylated dextran amine.", *Brain Research*, 653, 1994, 251-7.

Rosenbaum, R., Zimnik, A. et al., "Axonal and synaptic failure suppress the transfer of firing rate oscillations, synchrony and information during high frequency deep brain stimulation.", *Neurobiology of Disease*, 62, 2014, 86-99.

한국도박문제예방치유원, 도박문제 인구학적 통계. 2024.

Filali, M., Hutchison, W. D. et al., "Stimulation-induced inhibition of neuronal firing in human subthalamic nucleus.", *Experimental Brain Research*, 156, 2004, 274-81.

Mischel, W., Ebbesen, E. B., & Zeiss, A. R., "Cognitive and attentional mechanisms in delay of gratification.", *Journal of Personality and Social Psychology*, 21(2), 1972, 204-218.

Pearson, F. S., Prendergast, M. L. et al., "Meta-analyses of seven of the National Institute on Drug Abuse's principles of drug addiction treatment.", *Journal of substance abuse treatment*, 43(1), 2012, 1-11.

Larson, N., & Story, M., "A review of environmental influences on food choices. Annals of Behavioral Medicine", *Annals of Behavioral Medicine*, 38(1), 2009, 56-73.

Tai, C. H., Boraud, T. et al., "Electrophysiological and metabolic evidence that high-frequency stimulation of the subthalamic nucleus bridles neuronal activity in the subthalamic nucleus and the substantia nigra reticulata.", *FASEB Journal*, 17, 2003, 1820-30.

Huberman, A., "Controlling Your dopamine for motivation, focus & satisfaction", *YouTube*, 2021. 09. 21., Retrieved from https://www.youtube.com/watch?v=QmOF0crdyRU&t=420s.

Maurice, N., Thierry, A. M., Glowinski, J., & Deniau, J. M., "Spontaneous and evoked activity of substantia nigra pars reticulata neurons during high-frequency stimulation of the subthalamic nucleus.", *Journal of Neuroscience*, 23, 2003, 9929-36.

Mischel, W., Shoda, Y., & Rodriguez, M. L., "Delay of gratification in children.", *Science*, 244(4907), 1989, 933-938.

Degos, B., Deniau, J. M. et al., "Subthalamic nucleus high-frequency stimulation restores altered electrophysiological properties of cortical neurons in parkinsonian rat.", *PLOS ONE*, 8(12), 2013, 83608.

Chiken, S., & Nambu, A., "Disrupting neuronal transmission: mechanism of DBS?", *Frontiers in Systems Neuroscience*, 8, 2014, 33.

Nambu, A., & Chiken, S. Mechanism of DBS: inhibition, excitation, or disruption? In: Itakura, T., editor., *Deep Brain Stimulation for Neurological Disorders: Theoretical Background and Clinical Application.*, Cham: Springer International Publishing, 2015.

Deogaonkar, M., & Vitek, J. L. Globus Pallidus stimulation for Parkinson's disease. In: Lozano, A. M., Gildenberg, P. L., Tasker, R. R., editors. *Textbook of Stereotactic and Functional Neurosurgery.*, Berlin; Heidelberg: Springer Berlin Heidelberg, 2009.

Koirala, N., Fleischer, V. et al., "Frontal lobe connectivity and network community characteristics are associated with the outcome of subthalamic nucleus deep brain stimulation in patients with Parkinson's disease.", *Brain Topography*, 31, 2018, 311-21.

Gearhardt, A. N., et al., "Prevalence of Food Addiction in Adults and Adolescents: A Meta-Analysis of 281 Studies Across 36 Countries.", *British Medical Journal(BMJ)*. 2023.

Allen, K. J. D., & Gabbay, F. H., "The amphetamine response moderates the relationship between negative emotionality and alcohol use.", *Alcoholism: Clinical & Experimental Research*, 37(2), 2013, 348-360.

Marshall, J. F., Levitan, D., & Stricker, E. M., "Activation-induced restoration of sensorimotor functions in rats with dopamine-depleting brain lesions.", *Journal of Comparative and Physiological Psychology*, 90, 1976, 536-546.

Berridge, K. C., Venier, I. L., & Robinson, T. E., "Taste reactivity analysis of 6-hydroxydopamine-induced aphagia: implications for arousal and anhedonia hypotheses of dopamine function.", *Behavioral*

Neuroscience, 103, 1989, 36-45.

Salamone, J. D., & Correa, M., "The mysterious motivational functions of mesolimbic dopamine.", *Neuron*, 76, 2012, 470-485.

Mazzoni, P., Hristova, A., & Krakauer, J. W., "Why don't we move faster? Parkinson's disease, movement vigor, and implicit motivation.", *Journal of Neuroscience*, 27, 2007, 7105-7116.

Schultz, W., "Responses of midbrain dopamine neurons to behavioral trigger stimuli in the monkey.", *Journal of Neurophysiology*, 56, 1986, 1439-1461.

Schultz, W., & Romo, R., "Dopamine neurons of the monkey midbrain: contingencies of responses to stimuli eliciting immediate behavioral reactions.", *Journal of Neurophysiology*, 63, 1990, 607-624.

Montague, P. R., Dayan, P., & Sejnowski, T. J., "A framework for mesencephalic dopamine systems based on predictive Hebbian learning.", *Journal of Neuroscience*, 16, 1996, 1936-1947.

Schultz, W., Apicella, P., & Ljungberg, T., "Responses of monkey dopamine neurons to reward and conditioned stimuli during successive steps of learning a delayed response task.", *Journal of Neuroscience*, 13, 1993, 900-913.

Sutton, R. S., & Barto, A. G., *Reinforcement Learning: an Introduction*, MIT Press: Cambridge, Massachusetts, 1998.

Cohen, J. Y., Haesler, S. et al., "Neuron-type-specific signals for reward and punishment in the ventral tegmental area.", *Nature*, 482, 2012, 85-88.

Eshel, N., Tian, J., Bukwich, M., & Uchida, N. "Dopamine neurons share common response function for reward prediction error.", *Nature Neuroscience* 19, 2016, 479-486.

Steinberg, E. E., et al., "A causal link between prediction errors, dopamine neurons and learning.", *Nature Neuroscience*, 16, 2013, 966-973.

Hamid, A. A., et al., "Mesolimbic dopamine signals the value of work.",

도파민 밸런스

Nature Neuroscience, 19, 2016, 117-126.

Yagishita, S., et al., "A critical time window for dopamine actions on the structural plasticity of dendritic spines.", *Science*, 345, 2014, 1616-1620.

Berke, J. D., & Hyman, S. E., "Addiction, dopamine, and the molecular mechanisms of memory.", *Neuron*, 25, 2000, 515-532.

Wise, R. A., "Dopamine, learning and motivation.", *Nature Reviews Neuroscience*, 5, 2004, 483-494.

Leventhal, D. K., et al., "Dissociable effects of dopamine on learning and performance within sensorimotor striatum.", *Basal Ganglia*, 4, 2014, 43-54.

Allen, J. P., Smith, B. H., & Jones, M. A., "The amphetamine response moderates the relationship between negative emotionality and alcohol use.", *Alcoholism: Clinical & Experimental Research*, 44(5), 2020, 1023-1031.

Cagniard, B., et al., "Dopamine scales performance in the absence of new learning.", *Neuron*, 51, 2006, 541-547.

Shiner, T., et al., "Dopamine and performance in a reinforcement learning task: evidence from Parkinson's disease.", *Brain*, 135, 2012, 1871-1883.

McClure, S. M., Daw, N. D., & Montague, P. R., "A computational substrate for incentive salience.", *Trends in Neurosciences*, 26, 2003, 423-428.

Schultz, W., "Multiple dopamine functions at different time courses.", *Annual Review of Neuroscience*, 30, 2007, 259-288.

Gonon, F., et al., "Geometry and kinetics of dopaminergic transmission in the rat striatum and in mice lacking the dopamine transporter.", *Progress in Brain Research*, 125, 2000, 291-302.

Aragona, B. J., et al., "Preferential enhancement of dopamine transmission within the nucleus accumbens shell by cocaine is attributable to a direct increase in phasic dopamine release events.", *Journal of*

Neuroscience, 28, 2008, 8821-8831.

Owesson-White, C. A., et al., "Sources contributing to the average extracellular concentration of dopamine in the nucleus accumbens.", *Journal of Neurochemistry*, 121, 2012, 252-262.

Yapo, C., et al., "Detection of phasic dopamine by D1 and D2 striatal medium spiny neurons.", *Journal of Physiology (London)*, 595, 2017, 7451-7475.

Freed, C. R., & Yamamoto, B. K., "Regional brain dopamine metabolism: a marker for the speed, direction, and posture of moving animals.", *Science*, 229, 1985, 62-65.

Niv, Y., Daw, N. D., Joel, D., & Dayan, P., "Tonic dopamine: opportunity costs and the control of response vigor.", *Psychopharmacology (Berlin)*, 191, 2007, 507-520.

Strecker, R. E., Steinfels, G. F., & Jacobs, B. L., "Dopaminergic unit activity in freely moving cats: lack of relationship to feeding, satiety, and glucose injections.", *Brain Research*, 260, 1983, 317-321.

Cohen, J. Y., Amoroso, M. W., & Uchida, N., "Serotonergic neurons signal reward and punishment on multiple timescales.", *eLife*, 4, 2015, e06346.

Floresco, S. B., West, A. R., Ash, B., Moore, H., & Grace, A. A., "Afferent modulation of dopamine neuron firing differentially regulates tonic and phasic dopamine transmission.", *Nature Neuroscience*, 6, 2003, 968-973.

Grace, A. A., "Dysregulation of the dopamine system in the pathophysiology of schizophrenia and depression.", *Nature Reviews Neuroscience*, 17, 2016, 524-532.

Phillips, P. E., Stuber, G. D. et al., "Subsecond dopamine release promotes cocaine seeking.", *Nature*, 422, 2003, 614-618.

Wassum, K. M., Ostlund, S. B., & Maidment, N. T., "Phasic mesolimbic dopamine signaling precedes and predicts performance of a self-initiated action sequence task.", *Biological Psychiatry*, 71, 2012, 846-854.

Howe, M. W., Tierney, P. L. et al., "Prolonged dopamine signalling in striatum signals proximity and value of distant rewards.", *Nature*, 500, 2013, 575-579.

Satoh, T., Nakai, S., Sato, T., & Kimura, M., "Correlated coding of motivation and outcome of decision by dopamine neurons.", *Journal of Neuroscience*, 23, 2003, 9913-9923.

Howe, M. W., & Dombeck, D. A., "Rapid signalling in distinct dopaminergic axons during locomotion and reward.", *Nature*, 535, 2016, 505-510.

da Silva, J. A., Tecuapetla, F., Paixão, V., & Costa, R. M., "Dopamine neuron activity before action initiation gates and invigorates future movements.", *Nature*, 554, 2018, 244-248.

du Hoffmann, J., & Nicola, S. M., "Dopamine invigorates reward seeking by promoting cue-evoked excitation in the nucleus accumbens.", *Journal of Neuroscience*, 34, 2014, 14349-14364.

Hart, A. S., Rutledge, R. B., Glimcher, P. W., & Phillips, P. E., "Phasic dopamine release in the rat nucleus accumbens symmetrically encodes a reward prediction error term.", *Journal of Neuroscience*, 34, 2014, 698-704.

Soares, S., Atallah, B. V., & Paton, J. J., "Midbrain dopamine neurons control judgment of time.", *Science*, 354, 2016, 1273-1277.

Ikemoto, S., "Dopamine reward circuitry: two projection systems from the ventral midbrain to the nucleus accumbens-olfactory tubercle complex.", *Brain Research Reviews*, 56, 2007, 27-78.

Syed, E. C., et al., "Action initiation shapes mesolimbic dopamine encoding of future rewards.", *Nature Neuroscience*, 19, 2016, 34-36.

Floresco, S. B., Yang, C. R., Phillips, A. G., & Blaha, C. D., "Basolateral amygdala stimulation evokes glutamate receptor-dependent dopamine efflux in the nucleus accumbens of the anaesthetized rat.", *European Journal of Neuroscience*, 10, 1998, 1241-1251.

Jones, J. L., et al., "Basolateral amygdala modulates terminal dopamine release in the nucleus accumbens and conditioned responding.", *Biological Psychiatry*, 67, 2010, 737-744.

Cachope, R., 'Selective activation of cholinergic interneurons enhances accumbal phasic dopamine release: setting the tone for reward processing.", *Cell Reports*, 2, 2012, 33-41.

Threlfell, S., et al., "Striatal dopamine release is triggered by synchronized activity in cholinergic interneurons.", *Neuron*, 75, 2012, 58-64.

Grace, A. A., "Phasic versus tonic dopamine release and the modulation of dopamine system responsivity: a hypothesis for the etiology of schizophrenia.", *Neuroscience*, 41, 1991, 1-24.

Moyer, J. T., Wolf, J. A., & Finkel, L. H., "Effects of dopaminergic modulation on the integrative properties of the ventral striatal medium spiny neuron.", *Journal of Neurophysiology*, 98, 2007, 3731-3748.

Jędrzejewska-Szmek, J., Damodaran, S. et al., "Calcium dynamics predict direction of synaptic plasticity in striatal spiny projection neurons.", *European Journal of Neuroscience*, 45, 2017, 1044-1056.

Morris, G., Arkadir, D. et al., "Coincident but distinct messages of midbrain dopamine and striatal tonically active neurons.", *Neuron*, 43, 2004, 133-143.

Brown, M. T., et al., "Ventral tegmental area GABA projections pause accumbal cholinergic interneurons to enhance associative learning.", *Nature*, 492, 2012, 452-456.

Shen, W., et al., "M4 muscarinic receptor signaling ameliorates striatal plasticity deficits in models of L-DOPA-induced dyskinesia.", *Neuron*,

도파민 밸런스

88, 2015, 762-773.

Nair, A. G., Gutierrez-Arenas, O. et al., "Sensing Positive versus Negative
   Reward Signals through Adenylyl Cyclase-Coupled GPCRs in Direct
   and Indirect Pathway Striatal Medium Spiny Neurons", *Journal of
   Neurophysiology*, 34(41), 2015, 14017-30.

Sorensen, G., et al., "The glucagon-like peptide 1 (GLP-1) receptor agonist
   exendin-4 reduces cocaine self-administration in mice.", *Physiology &
   Behavior*, 149, 2015, 262-268.

Engel, J. A., & Jerlhag, E., "Role of appetite-regulating peptides in the
   pathophysiology of addiction: implications for pharmacotherapy.",
   CNS Drugs, 28, 2014, 875-886.

al'Absi, M., Lemieux, A., & Nakajima, M., "Peptide YY and ghrelin
   predict craving and risk for relapse in abstinent smokers.",
   Psychoneuroendocrinology, 49, 2014, 253-259.

Jiang, H., Betancourt, L., & Smith, R. G., "Ghrelin amplifies dopamine
   signaling by cross talk involving formation of growth hormone
   secretagogue receptor/dopamine receptor subtype 1 heterodimers.",
   Molecular Endocrinology, 20, 2006, 1772-1785.

Kern, A., Albarran-Zeckler, R., Walsh, H. E., & Smith, R. G., "Apo-ghrelin
   receptor forms heteromers with DRD2 in hypothalamic neurons and
   is essential for anorexigenic effects of DRD2 agonism.", *Neuron*, 73,
   2012, 317-332.

명승권, "멜라토닌과 통증 관련 무작위 이중맹검 위약대조 임상시험 메타분
   석.", *Journal of Clinical Medicine*, 2023, 검색: PubMed, EBMBASE,
   Cochrane Library.

Kjaer, T. W., Bertelsen, C., Piccini, P., Brooks, D., Alving, J., & Lou, H. C.,
   "Increased dopamine tone during meditation-induced change of
   consciousness.", *Cognitive Brain Research*, 13(2), 2020, 255-259.

Innes, J. K., & Calder, P. C., "Marine Omega-3 (N-3) Fatty Acids for

Cardiovascular Health: An Update for 2020.", *International Journal of Molecular Sciences*, 21(4), 2020, 1362.

Johnson, M., & Ostlund, S., "Review on the Efficacy of Omega-3 in the Treatment of Attention-Deficit Hyperactivity Disorder.", *Journal of Child Psychology and Psychiatry*, 62(4), 2021, 458-472.

FeelGoodPal, "Ways to increase dopamine.", 2023. 06. 07., Retrieved from https://feelgoodpal.com/blog/ways-to-increase-dopamine/.

Barrio, C., Arias-Sánchez, S. et al., "The gut microbiota-brain axis, psychobiotics and its influence on brain and behaviour: A systematic review". *Psychoneuroendocrinology*, 137, 2022, 1-9.

Smith, A. L., & Johnson, B. M., "Trust hormone oxytocin found at heart of rare genetic disorder: Study finds that hormonal response is stronger in people with Williams syndrome, shedding light on the biological underpinnings of social disorders.", *PLOS ONE*, 7(6), 2012, e39110.

Lee, G. H., "Social exclusion, raising companion animals, and psychological well-being: An exploratory study.", *Korean Journal of Social and Emotional Sensibility*,. 22(1), 2019, 3-14.

가바사와 시온, 《당신의 뇌는 최적화를 원한다》, 오시연 옮김, 쌤앤파커스, 2018.

대니얼 Z. 리버먼, 마이클 E. 롱, 《도파민형 인간》, 최가영 옮김, 쌤앤파커스, 2019.

안철우, 《젊음은 나이가 아니라 호르몬이 만든다》, 비타북스, 2017.

안철우, 《뭉크 씨, 도파민 과잉입니다》, 김영사, 2022.

애나 렘키, 《도파민네이션》, 김두완 옮김, 흐름출판, 2022.

도파민 밸런스